말씀 중심 52주 구역 공과

사귐과 성장이 있는
구역예배

21세기 구역공과 편찬위원회

하나님의 사람을 만들어 가는 엘맨 ELMAN

사귐과 성장이 있는
구역예배

초판 1쇄   2025년 1월 10일

지 은 이   21세기 구역공과 편찬위원회
발 행 인   이규종
디 자 인   최주호
펴 낸 곳   엘맨출판사
등록번호   제13-1562호(1985.10.29.)
주   소   서울시 마포구 토정로 222
           한국출판콘텐츠센터 422-3
전   화   (02) 323-4060, 6401-7004
팩   스   (02) 323-6416
이 메 일   elman1985@hanmail.net

www.elman.kr

ISBN   978-89-5515-787-1 03230

값 8,000 원

공과를 내면서

할렐루야!

스산한 바람이 불어오고 낙엽이 거리에 뒹구는 때면 영락없이 새해를 준비하는 마음으로 분주해집니다. 그 중에서도 우리들이 신경을 쓰는 것은 구역성장에 관한 것입니다.

구역성장은 곧 교회성장으로 이어집니다. 그러나 구역성장은 어떤 연구나 공식에 의하여 이루어지는 것이 아닙니다. 무엇보다도 구역 식구들이 서로 사랑하는 마음이 앞서야 하며, 모이기에 힘쓰는 자세가 있어야 합니다. 여기에 말씀중심으로 나누는 삶이 있다면 금상첨화라고 할 것입니다.

히브리서 10장 23~25절에, "또 약속하신 이는 미쁘시니 우리가 믿는 도리의 소망을 움직이지 말며 굳게 잡고 서로 돌아보아 사랑과 선행을 격려하며 모이기를 폐하는 어떤 사람들의 습관과 같이 하지 말고 오직 권하여 그 날이 가까움을 볼수록 더욱 그리하자"고 당부하십니다.

이번에는 구역식구들이 하나가 되어 그리스도 안에서 깊은 사귐이 있고, 그리스도의 사랑을 풍성히 받아 날마다 모이기를 힘쓰며 성장하는 구역이 되기를 바라면서 '사귐과 성장이 있는 구역(속회)예배'라는 주제를 선택해 보았습니다. 아무쪼록 이 구역공과를 통하여 생명의 예수님이 우리 심령에 함께 하시고, 우리의 삶을 성장시키고 풍성한 열매를 맺도록 도와주시기를 기도합니다.

그리고 이 책을 출판해 주신 엘맨출판사 이규종 사장님과 편집진에게 감사를 드리며, 이책을 이용하는 목회자들과 구역 성도님들과 함께 출판의 기쁨을 나누고 싶습니다.

2021년
21세기 구역 공과 편찬위원회

차례

1월

✝

새 장을 열면서

"너희는 이 세대를 본받지 말고
오직 마음을 새롭게 함으로 변화를 받아
하나님의 선하시고 기뻐하시고 온전하신 뜻이
무엇인지 분별하도록 하라"
(롬 12:2)

제1과
새해에는 이렇게 삽시다

본문 / 시편 37:4-6 찬송 / 551, 552장

새해란 말 그대로 새로 시작되는 해입니다. 이러한 시간은 하나님께서 우리들 모두에게 주신 위대한 선물입니다. 그래서 이 기회를 지혜롭게 사용하면 놀라운 성공과 행복과 보람을 창조하지만 잘못 사용하면 낭패와 실망과 불행을 초래하게 됩니다.

우리 인생길은 첩첩산중과 같아도, 하나님께 모든 것을 맡기면 우리의 길을 지도해 주신다고 하셨으니 얼마나 감사한 일입니까? 그러므로 우리는 하나님께 순종하고 범사에 하나님을 인정하며 성령님의 인도를 따르도록 합시다.

하나님께서 우리의 손을 잡고 우리를 의의 길, 복된 길로 인도해 주실 것을 믿음으로 바라봅시다.

1. 염려와 근심을 주님께 맡기고 삽시다.

우리가 염려와 근심에 짓눌려 평화와 기쁨을 잃어버린다면 결코 행복한 생활, 보람 있는 생활을 할 수 없습니다. 하나님께서는 우리가 염려와 근심에 짓눌려 우리의 영혼이 도적질 당하고 죽임을 당하고 멸망을 당하는 처지에 놓이기를 원치 않으십니다.

하나님께서는 독생자 예수 그리스도를 이 땅에 보내시고 십자가에 못박게 하심으로 인간의 모든 죄와 불의, 악과 저주, 절망과 죽음을 다 청산해 주셨습니다. 이처럼 우리 인류를 구원하시는 일도 하나님께서 완성하셨습니다. 모든 일은 하나님의 것이요 하나님께서 행하시는 것이므로 우리는 모든 염려와 근심을 하나님께 맡기면서 한해를 살아가야 하겠습니다.

◆ 성경은 염려를 어떻게 하라고 합니까?(벧전 5:7)

_____

_____

◆ 염려를 어떻게 하지 않을 수 있을까요? 빌립보서 4:6-7을 읽고 찾아 봅시다.

_____

_____

2. 모든 길을 여호와께 맡기고 삽시다.

오늘날 수많은 기독교인들이 주님을 믿는다고 하면서도 인생을 살아갈 때, 인간의 명철을 의지하고 인간의 수단과 방법을 의지함으로 절망의 길에서 방황하고 있습니다.

◆ 잠언 3:5-6을 기록하고 묵상해 봅시다.

_____

_____

◆ 하나님께 인도함을 받으려면 어떻게 해야 할까요?(시 37:4-6)

_____

_____

하나님께서는 인간의 의지를 스스로 꺾고 순종하는 사람을 인도하여 주십니다. 모세는 순종함으로 하나님의 인도함을 받았습니다. 그는 미디안 광야에서 40년 동안 살았기 때문에 미디안 광야나 시내 광야를 손바닥 보듯 훤히 알 수 있었습니다. 그러나 모세는 자신의 명철을 따르지 않고 하나님의 구름 기둥과 불 기둥을 따라 이스라엘 백성을 인도했습니다.

모세가 이렇게 순종함으로 결국에는 이스라엘 백성을 젖과 꿀이 흐르는 가나안 땅으로 인도할 수 있었습니다. 만일 모세가 하나님의 구름 기둥과 불 기둥의 인도를 따르지 않고 자신의 지식을 의지해서 이스라엘 백성을 인도했더라면 이스라엘 백성은 결코 가나안에 들어갈 수 없었을 것입니다.

3. 큰 기대를 갖고 삽시다.

사람이 절망하는 것보다 더 큰 비극은 없습니다. 절망하여 부정적이고 파괴적인 사람을 하나님께서는 도와주시지 않습니다. 눈에는 아무 증거 안 보이고, 귀에는 아무 소리 안 들리고, 손에는 잡히는 것 없어도 끝까지 희망을 버리지 않아야 합니다. 긍정적이고 적극적이고 창조적이며 생산적인 자세로 나가는 사람의 입을 하나님께서 놀랍게 채워 주시기 때문입니다.

◆ 시편 81:10을 기록해 봅시다.

_____

_____

하나님을 향해서 입을 넓게 열라는 것은 하나님을 삶의 근원으로 삼으며, 희망을 크게 가지라는 것을 뜻합니다. 하나님께서는 꿈이 있는 사람을 사용하십니다. 나아가서 입을 넓게 열라는 것은 좋은 것을 기대하라는 것입니다. 좋으신 하나님께서 입을 넓게 열라고 하셨을 때는 좋은 것을 주시기 위함입니다. 만일 하나님께서 독을 주시는 분이라면 우리는 입을 다물어야 할 것입니다. 그러나 독생자라도 아낌없이 우리에게 주신 하나님은 좋으신 우리 아버지이시므로 우리는 마음껏 입을 넓게 열어야 할 것입니다.

† 다시 말씀을 음미하면서

"또 여호와를 기뻐하라 그가 네 마음의 소원을 이루어 주시리로다 네 길을 여호와께 맡기라 그를 의지하면 그가 이루시고 네 의를 빛 같이 나타내시며 네 공의를 정오의 빛 같이 하시리로다"(시 37:4-6).

† 말씀 따라 실천을
오늘 말씀을 생각하면서, 한 주간 동안 꼭 실천할 것을 기록해 봅시다.

_____

_____

† 말씀 따라 기도를
하나님 아버지 감사합니다. 올해에도 하나님의 말씀을 의지하여 그리스도를 본받아 살며, 승리의 삶을 살게 도와주옵소서. 나날이 그리스도로 말미암아 새로워지게 하옵소서. 예수님의 이름으로 기도 드립니다. 아멘.

† 말씀이 살아 움직이도록
하나님 앞에 온전한 예배를 드렸습니까? 예, 아니오
날마다 기도를 열심히 했습니까? 예, 아니오
매일 성경을 읽었습니까? 예, 아니오
지난 주 실천사항을 실천했습니까? 예, 아니오

† 함께 나누는 기도
구역식구들의 형편과 처지를 생각하며, 기도제목을 나누고 기도합시다.

제2과
변해야 합니다

본문 / 고린도후서 5:16-17 찬송 / 421, 519장

요즈음 세상 돌아가는 모습을 보면 너무나도 많이, 그것도 급속도로 변하고 있다는 사실을 쉽게 느낄 수가 있습니다. 그런데 이런 변화되는 모습들을 살펴보면 참으로 안타까운 현상을 발견하게 됩니다. 즉 변화되지 말아야 할 것은 변화가 되고, 변화가 되어야 할 것은 변화되지 않는다는 것입니다.

처음 신앙생활을 하고, 처음 예수 그리스도를 영접하고 나서는 그 삶 자체가 얼마나 진실하고 성실하였습니까? 그런데 신앙의 경륜이 쌓일수록 긍정적으로 더욱더 나아지든지, 아니면 처음의 그 진실된 삶과 성실한 삶을 유지해야 하는데 그렇지 못한 경우가 얼마나 많은지 모릅니다.

1. 믿음으로 삶이 변해야 합니다.

예수님께서 이 세상에 오신 까닭은 인간들에 의해 변질된 하나님 원래의 뜻을 바로잡기 위해서입니다. 새로운 종교를 다시 만들고자 이 땅에 오신 것이 아닙니다. 하나님의 뜻을 저버리고 횡포와 거짓, 위선과 외식으로 가득찬 인간 세상을 변화시켜 구원하고자 오신 것입니다.

◆ 다음 성경은 무엇에 대하여 기록하고 있습니까?

요한복음 12:47

_____

_____

요한복음 6:38

_____

_____

황해도 지방에서 악명을 떨치던 김익두가 목사님이 된 후, 어느 날 부흥회를 인도하려고 산길을 가고 있는데, 맞은 편에서 어떤 술 취한 사람이 나타나서 다짜고짜로 "야 이 자식아, 너 왜 나보다 먼저 올라왔어!"라고 하면서 그를 마구 때렸답니다. 한참이나 계속해서 매를 맞고 있던 김익두 목사님이 그에게 "형님, 이제 다 때렸오?"라고 물었더니, "그래, 다 때렸다 왜?"하면서 눈을 부라렸습니다. 그러자 목사님은 정색을 하고서는 "예수는 내가 믿고 복은 자네가 받았네!"라고 말했답니다. 하지만 그가 이 말의 뜻을 알 리가 없었습니다.

목사님은 그에게 "이 사람아, 내가 김익두야." 하자, 그는 '이제는 죽었구나' 하면서 목사님께 엎드려서 싹싹 빌었습니다. 그때 목사님은 그에게 "내가 방금 뭐라고 하던가? 내가 예수 믿기 전에 이런 일을 당했으면 자네는 여기에서 아주 장례식까지 끝냈을 거네. 예수는 내가 믿고 복은 자네가 받았네. 내가 예수 믿은 덕에 자네가 살았지 않았나?"

우리의 신앙생활의 모습은 본래의 모습으로 향하는 끊임없는 노력이 있어야 합니다.

2. 날마다 하나님 앞에서 자신의 모습을 발견해야 합니다.

우리는 언제나 하나님 앞에 있다는 사실을 깨달아야 합니다. 오랜 신앙생활을 통해 생긴 전통적이고 추상적인 개념의 그런 하나님이 아니라 살아계신 하나님, 임마누엘의 하나님, 가까이 계신 하나님, 사랑의 하나님, 그리고 오늘 현재 나의 삶 속에 깊이 역사하시며 승리의 삶을 인도하시는 하나님 앞에서 자기 자신을 발견해야만 합니다.

기도는 하나님과의 영적인 대화요, 찬양은 원망과 불평으로 가득차 있는 우리의 삶을 감사의 모습으로 바꾸는 것입니다. 말씀 묵상은 우리들을 온전한 사람으로 바꾸기 때문에, 기도와 찬양과 말씀의 묵상이 없이는 우리들 자신이 도저히 변화될 수가 없는 것입니다.

◆ 디모데후서 3:16-17을 읽고 그 내용을 기록해 봅시다.

_____

_____

3. 우리의 생활이 날마다 새로워져야 합니다.

밖으로 나타나는 사람의 행동을 볼 때 그 사람의 보이지 않는 내적인 심적 상태를 알 수 있습니다. 겉으로 드러나는 우리의 행동에 대해 한 번 점검을 해 봅시다. 과연 변화되어진 생활을 하고 있는지 말입니다. 우리가 가지고 있는 편협한 성격, 외고집, 표리부동한 성격, 참을성 없는 조급함, 경솔한 성격, 비판적인 태도, 적대감, 무기력한 허영심, 나약한 의지 등, 비기독교적인 성격의 요소들을 모두 버리고 그리스도를 닮는 변화된 생활을 해야겠습니다.

◆ 히브리서 5:12를 읽고 답해봅시다.

① 무엇이 될 것이라고 했습니까?

_____

_____

② 어떻게 해야할 것입니까?

_____

_____

† 다시 말씀을 음미하면서

"그러므로 우리가 이제부터는 어떤 사람도 육신을 따라 알지 아니하노라 비록 우리가 그리스도도 육신을 따라 알았으나 이제부터는 그같이 알지 아니하노라 그런즉 누구든지 그리스도 안에 있으면 새로운 피조물이라 이전 것은 지나갔으니 보라 새 것이 되었도다"(고후 5:16-17).

† 말씀 따라 실천을
오늘 말씀을 생각하면서, 한 주간 동안 꼭 실천할 것을 기록해 봅시다.

_____

_____

† 말씀 따라 기도를
하나님 아버지 감사합니다. 올해에도 하나님의 말씀을 의지하여 새로운 모습으로 변화되게 하시고, 늘 승리의 삶을 살게 도와주옵소서. 예수님의 이름으로 기도 드립니다. 아멘.

† 말씀이 살아 움직이도록
하나님 앞에 온전한 예배를 드렸습니까? 예, 아니오
날마다 기도를 열심히 했습니까? 예, 아니오
매일 성경을 읽었습니까? 예, 아니오
지난 주 실천사항을 실천했습니까? 예, 아니오

† 함께 나누는 기도
구역식구들의 형편과 처지를 생각하며, 기도제목을 나누고 기도합시다.

제3과
동서남북을 바라 보라

본문 / 창세기 13:1-18 찬송 / 366, 435장

1895년에 클라라 스카트 여사가 만든 찬송가 366장의 1절을 보면
다음과 같이 노래합니다.
"어두운 내 눈 밝히사 진리를 보게 하소서
진리의 열쇠 내게 주사 참 빛을 찾게 하소서
깊으신 뜻을 알고자 엎드려 기다리오니
내 눈을 뜨게 하소서 성령이여."
한치 앞도 내다보지 못하는 육신의 눈으로는 올바른 선택을 할 수 없
습니다. 우리는 롯과 같이 육신의 눈으로 멸망당할 것을 보지 말고, 신
령한 눈으로 사물을 보고, 세계를 보고, 역사를 보고, 영원한 세계를 봅
시다. 그리고 신령한 눈으로 주님을 바라보시기 바랍니다.

1. 롯의 선택을 봅시다.

아브라함과 조카인 롯은 점점 소유가 많아지면서 함께 살 수 없게 되
었습니다. 그리고 두 집안의 종들이 다투는 일이 잦아지게 되자 큰아버
지인 아브라함이 롯에게 주거지 선택권을 주었습니다.

◆ 본문에서 조카 롯은 어느 곳을 선택했습니까?

_____

_____

롯은 자신의 선택 조건에 의해서 소돔과 고모라 땅을 선택했는데, 그
조건이란 물이 온 땅에 넉넉했고, 여호와의 동산이었던 에덴 동산처럼
아름답고 애굽땅처럼 비옥했기 때문입니다. 중동 지방에서 물이 넉넉
하고 땅이 비옥하고 아름답다면 더 바랄 것이 없는 조건입니다. 롯은

바로 그 조건을 선택한 것입니다. 그러나 롯은 조건이나 환경보다 더 중요한 것이 있다는 것을 깨닫지 못했습니다.

　롯이 선택했던 소돔과 고모라의 경우 물이 넉넉한 만큼 죄도 넉넉했습니다. 먹거리 볼거리가 많은 것만큼 타락과 범죄도 많았습니다. 그래서 결국 유황불로 멸망을 당한 것입니다.

　2. 아브라함의 태도를 생각해 봅시다.

　롯은 자신의 의지를 믿었으나 아브라함은 하나님의 말씀을 순종했습니다. 그는 자신의 의지나 판단으로 하지 않고 하나님의 계시에 의존했습니다. 다시 말하면 떠나라면 떠나고, 머물라면 머물고, 바치라면 바쳤습니다. 그는 눈으로 보고 머리로 생각하고 이해 득실을 따져가며 판단하지 않았습니다. 자기 생각대로 조건을 따라 선택을 하지 않았습니다. 하나님의 말씀을 순종했고, 그 뜻을 따라 모든 것을 결정했습니다. 우리는 여기서 신앙이 무엇이며, 순종이 무엇인가를 배우게 됩니다.

　◆ 아브라함의 태도에서 내가 본받아야 할 점이 무엇인지 생각해 봅시다.

_____

_____

　롯은 세상의 조건을 선택했으나, 아브라함은 하나님을 선택했습니다. 아브라함의 신앙은 하나님이 주시는 복이나 조건들을 선택한 것이 아니라 하나님을 선택했습니다. 롯은 자신의 의지와 결정에 순종했습니다. 그러나 아브라함은 자신의 의지와 사고와 결정을 하나님의 뜻에 맞추고 순종했습니다.

　3. 롯의 선택의 결과를 봅시다.

미국 어느 교회에 목사님이 부임했습니다. 그 교회는 3천여 명이 모이는 교회였습니다. 목사님이 부임해서 첫 주일예배를 드리고 나오는데 할머니 한 분이 찾아와 "목사님 수고가 많으시겠습니다. 수천 명 교인들의 마음을 다 맞추려면 얼마나 고생이 많으시겠습니까?"라고 인사를 했습니다. 다음 주일 그 목사님은 교인들에게 말했습니다. "여러분 저는 수천 명이 넘는 여러분의 비위나 마음을 맞춰 주기 위해 이 교회에 부임한 것이 아닙니다. 만일 저더러 여러분의 비위를 낱낱이 맞추라고 한다면 저는 이 교회를 떠날 수밖에 없습니다. 그러나 여러분이 제 말을 순종하고 따른다면 저는 생명을 다해 일할 것입니다. 그리고 저는 예수 그리스도에게 저를 맞추기 위해 최선을 다할 것입니다."

◆ 우리는 롯과 아브라함의 주거지 선택 과정을 보면서 어떤 점을 생각하여야 합니까?

_____

_____

눈에 보이는 조건 때문에 흔들리지 맙시다. 환경이 변했다고 원망하지 맙시다. 조건만 바라보고 조건만 따르다가 예수님을 버리지 말고, 눈을 들어 동서남북을 창조하신 하나님을 바라보라는 것입니다. 동서남북에 편만한 하나님의 능력을 바라보라는 것입니다. 죄악으로 멸망당할 소돔과 고모라만 바라보지 마시기 바랍니다.

† 다시 말씀을 음미하면서
"롯이 아브람을 떠난 후에 여호와께서 아브람에게 이르시되 너는 눈을 들어 너 있는 곳에서 북쪽과 남쪽 그리고 동쪽과 서쪽을 바라보라 보이는 땅을 내가 너와 네 자손에게 주리니 영원히 이르리라 내가 네 자손이 땅의 티끌 같게 하리니 사람이 땅의 티끌을 능히 셀 수 있을진대 네 자손도 세리라 너는 일어나 그 땅을 종과 횡으로 두루 다녀 보라 내가 그것을 네게 주리라"(창 13:14-17).

† 말씀 따라 실천을

오늘 말씀을 생각하면서, 한 주간 동안 꼭 실천할 것을 기록해 봅시다.

_____

_____

† 말씀 따라 기도를

하나님 아버지 감사합니다. 우리가 이 세상을 살아가면서 인간의 욕심과 뜻대로 판단하지 않게 하시고, 늘 하나님의 말씀을 의지하여 살면서 늘 승리의 삶을 살게 도와주옵소서. 예수님의 이름으로 기도 드립니다. 아멘.

† 말씀이 살아 움직이도록

하나님 앞에 온전한 예배를 드렸습니까? 예, 아니오
날마다 기도를 열심히 했습니까? 예, 아니오
매일 성경을 읽었습니까? 예, 아니오
지난 주 실천사항을 실천했습니까? 예, 아니오

† 함께 나누는 기도

구역식구들의 형편과 처지를 생각하며, 기도제목을 나누고 기도합시다.

제4과
막힌 담을 허물자

본문 / 에베소서 21:4-18 찬송 / 144, 305장

간혹 우리는 내가 교회의 모든 일을 한다고 생각할 때가 있습니다. 내가 없으면 교회가 안 된다고 생각할 때도 있습니다. 그러나 그것은 착각이며 교만입니다. 하나님의 교회는 하나님이 경영하고 계십니다. 우리는 오직 하나님께 잡힌 바 되어 주님께서 우리에게 맡기신 일을 충성되게 행할 것밖에는 없습니다. 겸손한 자에게는 은혜를 주시되, 교만한 자는 물리치시는 하나님이심을 우리는 기억해야 합니다.

1. 내 속의 막힌 담을 허물어야 합니다.

◆ 우리의 속에 있는 담은 어떤 것입니까?(딤전 6:4)

_____

_____

'나는 가진 것이 없다', '나는 할 수 없다'고 할 때가 많습니다. 그러나 우리는 주님이 계시면 무엇이든 할 수 있습니다. 우리에게 지혜가 부족하면 지혜의 하나님께 구해야겠습니다. 우리에게 사랑이 부족하면 사랑의 하나님께 사랑을 달라고 구해야겠습니다. 우리에게 물질이 부족하면 "은도 내 것이요 금도 내 것이니라."고 하신 하나님께 구해야겠습니다(학 2:8). 우리에게 힘이 부족하면 능력이 되시는 우리 하나님께 갑절의 능력을 달라고 구해야겠습니다.

◆ 다음 성경이 말씀하는 공통점은 무엇입니까? (빌립보서 4:13, 마태복음 19:26, 누가복음 18:27)

_____

_____

공평하신 하나님은 공평하게 우리에게 각각 적당한 은사를 주셨습니다. 지나친 욕심도 버려야 합니다. 자포자기(自暴自棄)도 하지 말아야 합니다. 우리에게는 하나님이 주신 각양 은사가 있습니다. 하나님이 내게 주신 은사가 무엇인지 바로 깨달아 하나님을 기쁘시게 합시다. 하나님은 우리 각자에게 주신 달란트대로 하나님께 영광 돌리기를 바라고 계십니다.

2. 편견의 담을 허물어야 합니다.

우리의 속에 있는 담 가운데 편견이란 것이 있습니다. 편견은 잘 알지 못하고, 자신이 확인하지 않고서 얘기만 듣고 판단하는 어리석고 무지한 행위입니다. 내가 좋아하는 사람의 말은 콩이 팥이라 해도 듣고, 내가 싫어하는 사람의 말은 콩이 콩이라 해도 듣지 않으려는 편견이 있습니다. 교회에서도 편을 만들어서 자기 편의 말만 옳다고 주장하는 것은 담을 쌓는 일입니다.

◆ 내가 다른 이를 향하여 있는 편견은 어떤 것인지 생각해 봅시다.

누구에게 _____

어떤 편견이 _____

편견은 편을 나눕니다. 사랑하는 사이를 갈라놓게 합니다. 잘 되어가는 일을 망치게 합니다. 아름답게 성장하는 교회를 무너뜨리게 합니다. 우리는 우리들 속에 있는 잘못된 편견을 허물어뜨려야 합니다.

3. 화평하지 않은 담을 허물어야 합니다.

하나님과의 관계를 맺기 전에 먼저 인간과의 관계가 바르게 되어야 함을 요구하시는 하나님의 뜻을 깨달아야 합니다. 교회가 우선이라고 집안 일을 팽개치고 온종일 교회에만 살면 그것도 잘못된 일입니다.

아무리 신앙생활을 잘 한다고 할지라도 형제간에 화목하지 않고 분쟁이 있으면, 그것은 하나님께서 원하시지 않는 것입니다.

◆ 우리가 하나님께 나아가기 전에 먼저 해결해야 할 것은 무엇입니까? (마 5:22-24)

_____

_____

◆ 하나님과 우리들을 화해하게 하는 분은 누구입니까? (골 1:20, 엡 2:14, 고후 5:18-19)

_____

_____

이제 우리는 나를 버리고 그리스도로 옷 입음으로써 내 속에 막힌 담을 허물어뜨려야 합니다. 나와 이웃 사이에 있는 막힌 담을 허물어뜨려야 합니다. 이해하지 못하고, 사랑하지 아니하고, 나를 희생하지 아니하고, 나 중심으로 살아온 것을 회개하고, 주님을 본받아 살아야 하겠습니다.

† 다시 말씀을 음미하면서
"그는 우리의 화평이신지라 둘로 하나를 만드사 원수 된 것 곧 중간에 막힌 담을 자기 육체로 허시고 법조문으로 된 계명의 율법을 폐하셨으니 이는 이 둘로 자기 안에서 한 새 사람을 지어 화평하게 하시고"(엡 2:14-15).

† 말씀 따라 실천을
오늘 말씀을 생각하면서, 한 주간 동안 꼭 실천할 것을 기록해 봅시다.

_____

_____

† 말씀 따라 기도를

하나님 아버지 감사합니다. 올해에는 우리의 이웃과 막혔던 담들을 그리스도의 사랑으로 모두 허물어 버리고, 참으로 좋은 이웃으로 살아가게 하옵소서. 예수님의 이름으로 기도 드립니다. 아멘.

† 말씀이 살아 움직이도록

하나님 앞에 온전한 예배를 드렸습니까? 예, 아니오
날마다 기도를 열심히 했습니까? 예, 아니오
매일 성경을 읽었습니까? 예, 아니오
지난 주 실천사항을 실천했습니까? 예, 아니오

† 함께 나누는 기도

구역식구들의 형편과 처지를 생각하며, 기도제목을 나누고 기도합시다.

2월

✝

신앙의 우선순위

"너희는 먼저 그의 나라와 그의 의를 구하라
그리하면 이 모든 것을
너희에게 더하시리라"
(마 6:33)

제5과
우선순위를 지키라

본문 / 마태복음 6:25-33 찬송 / 588, 365장

인생을 살아가는 데는 매사에 우선순위가 있습니다. 중요한 것과 덜 중요한 것, 급히 해야 할 일과 천천히 해도 되는 일, 먼저 할 일과 나중 할 일, 그리고 해야할 것과 하지 말아야 할 것들이 있습니다. 이러한 우선 순위는 반드시 지켜져야 합니다. 그렇지 못하면 우리들에게 부조화, 불합리, 불리함, 부자유함 등 '부(否)'자가 붙은 결과들이 생기게 되어 매우 불편하게 되는 것입니다.

오늘 말씀 25절을 보면 "그러므로 내가 너희에게 이르노니 목숨을 위하여 무엇을 먹을까, 무엇을 마실까, 몸을 위하여 무엇을 입을까 염려하지 말라. 목숨이 음식보다 중하지 아니하며, 몸이 의복보다 중하지 아니하냐"고 하십니다. 이 말씀은 "목숨을 위하여 하는 모든 것들에 대해 염려하지 말라. 목숨이 이러한 모든 것보다도 더욱 중요하다"고 하시는 것입니다.

1. 염려는 하나님을 멀리하게 합니다.

'염려(meris)'란 말은 걱정과 근심을 포함하는 말로서 우울증, 편집증, 히스테리, 노이로제, 정신분열증과 같은 정신질환의 원인이 된다고 합니다. 이런 염려는 무엇을 먹을까, 무엇을 마실까, 무엇을 입을까 하는 삶의 걱정으로부터 오는 것입니다.

돈을 구하고 찾다가 보면 돈의 노예가 됩니다. 돈이란 삶의 수단이지 목적은 될 수 없습니다. 돈이 우리들의 삶을 지배할 때, 우리는 돈의 노예가 되는 것입니다. 따라서 돈이 모든 것을 해결해 준다고 믿는 자는 불신자입니다. 왜냐하면 제1계명에서 4계명을 어기게 되고, 나아가서는 그것을 취하기 위하여 6계명에서 10계명도 어기게 되기 때문입니다. 염려란 인간의 걱정과 근심의 생각이 하나님의 계획하심과 인도

하심을 앞서는 것을 말합니다. 하나님보다 내가 더 생각하고, 하나님보다 내가 더 걱정하는 것이 염려입니다. 따라서 염려는 교만입니다.

◆ 여러분의 생명을 하나님이 얼마나 사랑하십니까?(마 6:26)
_____
_____

◆ 우리에게 필요한 것을 누가 아신다고 합니까?(마 6:32)
_____
_____

2. 그리스도를 중심에 두어야 합니다.

걱정, 근심, 염려는 믿음 없는 이들의 모습입니다. 사람을 좋게 하고, 사람의 기쁨을 구하는 자는 그리스도의 종이 아닙니다. 신앙인은 그리스도 중심이요, 하나님을 기쁘시게 하며, 하나님의 나라와 정의를 실현하는데 우선순위를 두는 삶을 사는 사람입니다.

◆ 아모스 선지자는 무엇을 구하라고 말씀하고 있습니까?(암 5:14)
_____
_____

본문 33절 말씀에, "너희는 먼저 그의 나라와 그의 의를 구하라. 그리하면 이 모든 것을 너희에게 더하시리라"고 했습니다. 즉, 신앙인의 삶에 우선순위를 분명히 할 때에 가능하다고 하는 것입니다.

신앙인의 절대적인 우선순위는 "하나님의 나라와 그의 의"를 구함에 있습니다. 그리스도께서 우리들의 머리가 되시며, 만물을 창조하신 까닭에 우리는 하나님의 나라와 그의 의를 구하여야 합니다. 그의 의가 아니면 우리는 영원한 죄 가운데 머무를 수 밖에 없음을 알아야 합니다.

3. 신앙인의 우선순위는 하나님이십니다.

◆ 이제 우리는 무엇을 버리고 누구를 따라야 합니까?(눅 14:26-27, 33)

무엇을 버리고 _____

누구를 따라야 _____

지금까지 우리 삶의 우선순위를 어디에 두고 살아왔습니까? 우리 삶의 우선순위가 뒤바뀌면 맛 잃은 소금처럼 길에 버려져 오가는 사람들의 발에 밟히는 것과 같이 됩니다.

우리 기독교인들이 세상을 살아갈 때 믿지 않는 사람들보다 더욱 어려운 것이 사실입니다. 왜냐하면 우리가 섬겨야 할 분이 한 분 더 계시기 때문입니다. 부모님도 섬겨야 하고, 남편도 섬겨야 하고, 자식도 섬겨야 하고, 이웃도 섬겨야 하는데, 여기에 우리들은 하나님을 섬겨야 하고, 교회를 섬겨야 하기 때문입니다.

하나님이 맡겨주신 우리의 직분을 잘 감당하기 위하여 우리는 삶의 우선순위를 잘 정해야 합니다. 하나님과 함께 하며, 하나님 중심으로 살아가며, 하나님을 모시고 살아가듯 교회와 가정을 조화 있게 섬기시기를 바랍니다.

† 다시 말씀을 음미하면서

"너희는 먼저 그의 나라와 그의 의를 구하라 그리하면 이 모든 것을 너희에게 더하시리라"(마 6:33).

† 말씀 따라 실천을

오늘 말씀을 생각하면서, 한 주간 동안 꼭 실천할 것을 기록해 봅시다.

_____

_____

† 말씀 따라 기도를

하나님 아버지 감사합니다. 우리들이 세상을 살아갈 때 많은 시험과 유혹이 따를지라도 하나님의 말씀에 굳게 서서 흔들리지 않게 하옵소서. 그리고 신앙의 우선순위를 지킬 수 있는 삶을 살 수 있도록 도와주옵소서. 예수님의 이름으로 기도 드립니다. 아멘.

† 말씀이 살아 움직이도록

하나님 앞에 온전한 예배를 드렸습니까? 예, 아니오
날마다 기도를 열심히 했습니까? 예, 아니오
매일 성경을 읽었습니까? 예, 아니오
지난 주 실천사항을 실천했습니까? 예, 아니오

† 함께 나누는 기도

구역식구들의 형편과 처지를 생각하며, 기도제목을 나누고 기도합시다.

제6과
흔들리지 않는 터전

본문 / 누가복음 6:46-49 찬송 / 204, 546장

우리는 최근에 들어서 세계 도처에서 일어나는 지진과 홍수, 산불 그리고 눈사태들로 말미암아 많은 사람들과 재산이 하루 아침에 사라져 버리는 참담한 일들을 보았습니다. 이런 사건들을 통해 인간의 물질 문명이 아무리 훌륭하고 뛰어나다 해도 자연의 힘 앞에 허무하게 무너질 수 있다는 것을 우리가 보았습니다. 또한 하나님의 절대적인 주권 앞에 인간이라고 하는 존재는 무조건 순종할 수밖에 없다는 사실을 실감하게 됩니다.

우리는 이 모습을 보면서 야고보서 4:13-14의 말씀을 떠올리게 됩니다. "들으라 너희 중에 말하기를 오늘이나 내일이나 우리가 어떤 도시에 가서 거기서 일 년을 머물며 장사하여 이익을 보리라 하는 자들아 내일 일을 너희가 알지 못하는도다 너희 생명이 무엇이냐 너희는 잠깐 보이다가 없어지는 안개니라."

1. 종말론적인 신앙으로 예비하고 살아야 합니다.

◆ 마가복음 13:1-8절에 보면, 예수님께서 예루살렘에 가셔서 큰 건물들을 보고 그것이 다 무너질 것이라고 얘기하니까 제자들이 "그때가 어느 때입니까?"라고 물었습니다. 그때 예수님은 무엇이라고 하셨습니까?

_____

_____

예수님은 우리에게 적그리스도와 거짓 선지자들이 많은 사람을 미혹하며, 난리와 전쟁의 소문을 들을 것이라고 하셨습니다. 민족과 민

족이 대적하고 나라와 나라가 대적할 것이며, 처처에 지진이 일어날 것이라 했습니다. 실제 세계 도처에서 이러한 징조가 일어나고 있음을 우리는 목격하고 있습니다. 인간의 물질문명, 유물주의, 황금 만능주의, 첨단 과학기술이 허무하게 쓰러져 가는 것을 보고 있습니다.

우리는 이 세상을 떠날 때에 아무 것도 가져갈 수 없는 존재입니다. 지혜로운 사람은 언제나 종말론적인 의식을 가지고 하루하루를 마지막처럼 최선을 다해서 살아갑니다. 언제 주님이 오시든지 담대히 그 앞에 나가 설 수 있도록 확실한 믿음으로 살아가야 할 것입니다.

2. 회개하는 신앙을 가져야 합니다.

◆ 누가복음 13:4-5에 보면, 예수님 당시에 갑자기 망대가 무너져 열 여덟 사람이 죽는 사고가 있었습니다. 제자들은 이것을 보고 생각하기를, 죽은 사람들은 자신들보다 죄가 많아서 심판을 받은 것이라고 착각했습니다. 그때 예수님은 어떻게 하라고 가르쳐 주셨습니까?

_____

_____

독일에 '마리아 자매단'이란 단체가 있습니다. 그들은 독일인이 유태인 600만 명을 학살한 죄를 회개하기 위하여 점심을 굶으며, 이스라엘을 향해서 회개하는 마음으로 살아가고 있습니다. 이들의 운동이 독일의 부흥의 기반이 되었는지도 모릅니다.

우리는 우리가 당하는 위기를 회개의 기회로 삼아야 합니다. 회개할 때에 하나님은 은혜를 부어 주십니다. 죄짓지 않을 수 있다면 얼마나 좋겠습니까? 그러나 죄를 짓더라도 회개하면 하나님은 기뻐 받으시고 용서하십니다. 세상이 험악해지고, 여기저기서 대형 사고가 일어나면 우리의 죄인 줄 알고 하나님께 무릎 꿇고 회개의 기도를 해야하겠습니다.

3. 진리의 터 위에 신앙을 세워야 합니다.

진리의 터 위에 선 사람은 말씀의 반석 위에 세워진 신앙을 소유한 사람입니다. 사람들이 모두 집을 짓는데 어떤 사람은 모래 위에 짓고 어떤 사람은 반석 위에 집을 짓습니다. 이 집의 겉모습은 비슷합니다. 그러나 바람이 불고 비가 내리면 반석 위에 지은 집은 흔들리지 아니하고 무너지지도 않습니다. 그러나 모래 위에 지은 집은 쉽사리 무너지고 말 것입니다. 우리 교회와 성도들은 하나님의 말씀 위에 신앙의 기초를 놓기를 원합니다.

◆ 세상의 풍파가 밀어닥칠 때 쓰러지지 않을 방법은 무엇입니까?
(마 7:25)

_____

_____

† 다시 말씀을 음미하면서
"집을 짓되 깊이 파고 주추를 반석 위에 놓은 사람과 같으니 큰 물이 나서 탁류가 그 집에 부딪치되 잘 지었기 때문에 능히 요동하지 못하게 하였거니와 듣고 행하지 아니하는 자는 주추 없이 흙 위에 집 지은 사람과 같으니 탁류가 부딪치매 집이 곧 무너져 파괴됨이 심하니라 하시니라"(눅 6:48-49).

† 말씀 따라 실천을
오늘 말씀을 생각하면서, 한 주간 동안 꼭 실천할 것을 기록해 봅시다.

_____

_____

† 말씀 따라 기도를
하나님 아버지 감사합니다. 우리들이 세상을 살아갈 때 많은 시험과

유혹이 따를지라도 하나님의 말씀에 굳게 서서 흔들리지 않게 하옵소서. 그리고 신앙의 우선순위를 지킬 수 있는 삶을 살 수 있도록 도와주옵소서. 예수님의 이름으로 기도 드립니다. 아멘.

† 말씀이 살아 움직이도록
하나님 앞에 온전한 예배를 드렸습니까? 예, 아니오
날마다 기도를 열심히 했습니까? 예, 아니오
매일 성경을 읽었습니까? 예, 아니오
지난 주 실천사항을 실천했습니까? 예, 아니오

† 함께 나누는 기도
구역식구들의 형편과 처지를 생각하며, 기도제목을 나누고 기도합시다.

제7과
믿음을 지키는 지혜

본문 / 로마서 12:2 찬송 / 488장, 362장

만약 어떤 사람이 온갖 수고를 다하여 오랜 시간 동안 각고의 노력 끝에 금 노다지를 캐내었다고 합시다. 그런데 그만 그 날 밤에 도둑을 맞았다면 어떻겠습니까? 금을 캐는 것도 중요하지만, 그 금을 지키는 것 역시 중요한 것입니다. 아무리 귀한 보물을 캐내어도 지키지 못하면 아무 소용이 없는 것입니다.

이러한 사실은 신앙의 세계에서도 마찬가지입니다. 수요일 저녁 예배를 빠지기 시작하다가 주일 저녁 예배를 빠지고, 그러다가는 주일 오전 예배를 빠지고, 나중에는 신앙생활이 취미 생활로 바뀌어서 특별한 날이나, 어쩌다 시간이 있을 때만 출석하는 성도가 되어 버립니다. 기도의 시간이 점점 줄어듭니다. 하나님 말씀과도 멀어집니다. 열심히 봉사하다가 방관자가 되어 버립니다. 과거의 신앙생활은 이제 추억만 남게 됩니다.

1. 이 세대를 본받지 말아야 합니다.

당시의 로마 사회는 타락한 사회였습니다. 각종 우상이 범람하는 사회입니다. 가는 곳마다 신전이 있었습니다. 우주만물을 숭배했고 여러 가지 형상을 만들어서 절을 했습니다. 뿐만 아니라 도덕적으로도 타락했습니다. 물질이 풍요로웠기에 그만큼 부도덕한 소비생활을 했습니다. 쾌락적이며 본능적인 감정을 자극하는 일에 사람들은 관심을 가졌습니다. 지금도 로마에 가면 원형 경기장을 볼 수 있습니다. 그곳은 사람과 동물을 함께 넣고 싸우는 자극적인 장면을 구경하던 장소입니다. 그런 상황 속에서 기독교인들은 신앙의 순결을 지켜야 했습니다.

◆ 로마서 16:17, 데살로니가후서 3:6은 우리에게 어떻게 하라고 하십니까?

_____

_____

　여기에서 '떠나라'고 하는 것은 현실로부터의 도피만을 의미하는 것이 아닙니다. 적극적인 방법으로 세상 안에서 세상을 변화시키는 것을 의미합니다. 바울이 말한 것은 바로 이것입니다. 세상을 떠나라는 것이 아닙니다. "세상 안에 있으라. 그러나 세상을 본 받지는 말라." 는 말씀입니다.

2. 새 마음으로 변화를 받아야 합니다.

　B.C. 700년경 이스라엘의 멸망을 앞두고 있는 이스라엘 백성들의 마음은 굳어져 있었습니다. 하나님을 향한 새로운 변화에 대한 열망의 불꽃이 사라진 지 오래였습니다. 오로지 현실에만 안주할 뿐입니다. 그 때에 하나님은 호세아 선지자를 보내셔서, "너희 묵은 땅을 기경하라 지금이 곧 여호와를 찾을 때니 마침내 여호와께서 오사 공의를 비처럼 너희에게 내리시리라."(호 10:12)고 말씀하십니다.
　묵은 땅은 변화될 줄 모르는 굳은 마음입니다. 그 마음을 갈아엎으라는 것입니다. 이전의 죄와 악에 지배된 생각과 사고방식들을 갈아엎고 새 마음을 가지라는 것입니다. 우리는 그리스도의 복음으로 마음이 변화되어 복된 삶을 살아야 합니다.

◆ 세상을 변화시키기 위해서 먼저 변해야 할 존재는 누구입니까?

_____

_____

3. 하나님의 뜻을 발견하는 지혜를 가져야 합니다.

사단이 우리의 믿음을 빼앗기 위해서 쓰는 방법 중 하나가 우리의 분별력을 흐리게 하는 것입니다. 여러 가지 시험과 문제들로 어지럽게 합니다. 혼란 속에 빠뜨려서 하나님의 뜻을 바르게 분별하지 못하도록 만드는 것입니다.

◆ 사도행전 5장에는 아나니아와 삽비라 부부가 나옵니다. 이 부부가 어떠한 죄로 죽임을 당했을까요?

_____

_____

인간의 실수와 허물은 욕심으로부터 시작됩니다. 아나니아와 삽비라 부부도 가룟유다와 마찬가지로 물질에 대한 욕심 때문에 판단력이 흐려졌습니다. 결국 그는 하나님의 뜻을 알지 못하고 사도들과 하나님을 속임으로써 비참한 종말을 맞게 된 것입니다.

사단은 때로는 이렇게 물질과 세상에 대한 애착과 지나친 욕심을 통해서 다가오기도 합니다. 때로는 다윗과 같이 가정의 문제들을 통하여 다가오기도 합니다. 남편을 통해서, 자녀를 통해서, 또는 인간관계를 통해서 지치고 복잡하게 만듭니다. 아무리 어지럽고 복잡한 문제들을 가지고 사단이 다가온다 해도 하나님의 말씀에 서서 그 말씀대로 살 때 우리는 믿음의 길을 갈 수가 있을 것입니다.

† 다시 말씀을 음미하면서
"너희는 이 세대를 본받지 말고 오직 마음을 새롭게 함으로 변화를 받아 하나님의 선하시고 기뻐하시고 온전하신 뜻이 무엇인지 분별하도록 하라"(롬 12:2).

† 말씀 따라 실천을

오늘 말씀을 생각하면서, 한 주간 동안 꼭 실천할 것을 기록해 봅시다.

_____

_____

† 말씀 따라 기도를

하나님 아버지 감사합니다. 저희들의 욕심으로 말미암아 눈이 어두워서 하나님의 뜻을 분별하지 못할 때에라도 성령님이 인도하여 주시고, 말씀을 따라 바르게 살아가도록 인도하여 주옵소서. 예수님의 이름으로 기도드립니다. 아멘.

† 말씀이 살아 움직이도록

하나님 앞에 온전한 예배를 드렸습니까? 예, 아니오
날마다 기도를 열심히 했습니까? 예, 아니오
매일 성경을 읽었습니까? 예, 아니오
지난 주 실천사항을 실천했습니까? 예, 아니오

† 함께 나누는 기도

구역식구들의 형편과 처지를 생각하며, 기도제목을 나누고 기도합시다.

제8과
분별력 있는 신앙

본문 / 마태복음 23:23-28 찬송 / 429, 441장

사람이 살다보면 이것을 택할 것이냐, 저것을 택할 것이냐 하는 양자택일의 경우를 맞이하게도 되며, 양자를 조화롭게 해야 할 경우도 있기 마련입니다. 양자를 조화롭게 하여야 할 경우에는 그리 문제가 되지 않겠지만, 양자택일의 경우에는 우리는 때로는 망설이기도 하고, 때로는 고민도 하게 됩니다. 더욱이 신앙의 문제는 양자택일의 경우가 많으며, 지혜로운 신앙의 결단이 요구되는 것입니다. 이러한 경우 우리는 어떻게 해야 현명한 판단과 신앙을 유지할 수 있겠습니까?

1. 이것도 행하고 저것도 버리지 말아야 합니다.

예수님 당시 바리새인들은 철저한 율법주의자들이었습니다. 그래서 그들은 율법에 기록된 대로 모든 것을 행하는 행위적이고 형식적인 신앙생활을 하였습니다. 누가복음 18:12을 보면, 바리새인이 "나는 이레에 두 번씩 금식하고 또 소득의 십일조를 드리나이다." 라고 자랑합니다. 그러나 여기에 십일조를 드리는 형식보다도 본질적으로 중요한 의와 인과 신이 빠졌다는 것입니다.

◆ 오늘 말씀 23절에 온전한 십일조는 무엇이라고 말씀하고 있습니까?
　　첫째, _____와 _____ 과 _____의 십일조를 드리되,
　　둘째, _____와 _____와 _____도 드려야 한다.

온전하게 십일조를 드리는 행위는 성도의 당연한 의무요 신앙의 행위입니다. 그렇기 때문에 십일조를 금하는 것이 아니라 오히려 십일조를 드리되, 우리의 신앙에서 나오는 온전한 것으로 드리라는 말씀입니

다. 여기서 의는 공평한 판단을 의미합니다. 인은 하나님의 자비로우심을 말합니다. 그리고 신은 신실함을 의미하며, 이와 같은 율법의 기본적인 정신은 없이 물질만 바치는 것은 잘못된 십일조라는 것입니다.

2. 주일도 성수하고 엿새 동안도 알차게 살아야 합니다.

바리새인들은 안식일이 되면 철저하게 율법을 지킵니다. 그날 먹을 음식도 만들지 아니하고, 심지어 적이 쳐들어 와도 무기를 들지 아니하였습니다. 그런데 마가복음 2:23-28을 보면, 안식일에 예수님께서 밀밭 사이로 지나가실 때에 제자들이 길을 열면서 시장하여 이삭을 자르는 것을 보고 바리새인들이 예수님께 말하기를 어떻게 안식일에 배가 고프다고 이삭을 자를 수 있느냐고 했습니다. 이때에 예수님은 "안식일이 사람을 위하여 있는 것이요 사람이 안식일을 위하여 있는 것이 아니니 이러므로 인자는 안식일에도 주인이니라."고 하셨습니다.

◆ 여기에서 "안식일에도 주인이니라"고 하신 의미는 무엇일까요?

_____

_____

이 말씀은 안식일뿐만 아니라 엿새 동안도 주인이라는 의미입니다. 다시 말하면 모든 날이 주님의 날이라는 의미입니다. 안식일의 주인은 주님이시므로 주일은 주님을 중심으로 살아야 하는 날입니다. 주님을 기쁘시게 해드리는 날이 곧 우리의 안식일이 되어야 하는 것입니다. 안식일에 참여할 수 있는 사람은 엿새 동안도 열심히 주님과 함께 일한 사람입니다.

엿새의 의미는 우리에게 주신 생명의 날의 연장선이요, 세상에서 하나님의 아들로서의 직분을 다하며 살아야 할 귀한 시간들입니다. 어떤 이는 주일 하루만 신자이고 엿새는 하나님을 잊어버리고 살기도 합니다. 그러나 참된 신자는 항상 하나님과 동행하는 사람입니다. 주일 하루만 하나님과 교제하는 것보다 엿새 동안 하나님과 교제하면서 산다면 더 큰 복을 받게 될 것입니다.

3. 속도 겉도 깨끗해야 합니다.

본문 26절에 "너는 먼저 안을 깨끗이 하라 그리하면 겉도 깨끗하리라"고 하셨습니다. 여름에는 더러운 곳에 벌레들이 생기는 것을 자주 보게 됩니다. 마찬가지로 더러운 영혼에 사단이 역사합니다. 우리의 영혼이 말씀으로 깨끗하게 씻음을 받으면 사단이 대적할 수 없습니다.

하나님을 사랑하는 것은 하나님의 말씀을 순종하는 것입니다. "너를 위하여 새긴 우상을 만들지 말고, 또 위로 하늘에 있는 것이나, 아래로 땅에 있는 것이나, 땅 아래 물 속에 있는 것의 아무 형상이든지 만들지 말며, 그것들에게 절하지 말며, 그것들을 섬기지 말라"고 하신 말씀은 경배의 대상, 곧 예배의 대상은 오직 하나님 밖에 없음을 의미합니다.

◆ 주님께서 우리에게 요구하시는 것은 무엇입니까?(마 6:24)

_____

_____

신앙과 행위는 하나가 되어야 합니다. 겉과 속이 다르면 '회칠한 무덤'과 같이 겉으로 보기에는 잘 믿는 것 같지만 속에는 썩는 냄새가 진동하는 것입니다. 그래서 주님께 책망 받을 수밖에 없을 것입니다.

† 다시 말씀을 음미하면서
"화 있을진저 외식하는 서기관들과 바리새인들이여 너희가 박하와 회향과 근채의 십일조는 드리되 율법의 더 중한 바 정의와 긍휼과 믿음은 버렸도다 그러나 이것도 행하고 저것도 버리지 말아야 할지니라"(마 23:23).

† 말씀 따라 실천을
오늘 말씀을 생각하면서, 한 주간 동안 꼭 실천할 것을 기록해 봅시

다.
_____
_____

† 말씀 따라 기도를

하나님 아버지 감사합니다. 우리가 예수님을 본받아 사는 데는 많은 어려움이 있습니다. 먼저 우리 자신의 욕심을 버리게 하시고, 하나님의 나라와 의를 먼저 구하는 삶이 되게 도와주옵소서. 예수님의 이름으로 기도 드립니다. 아멘.

† 말씀이 살아 움직이도록

하나님 앞에 온전한 예배를 드렸습니까? 예, 아니오
날마다 기도를 열심히 했습니까? 예, 아니오
매일 성경을 읽었습니까? 예, 아니오
지난 주 실천사항을 실천했습니까? 예, 아니오

† 함께 나누는 기도

구역식구들의 형편과 처지를 생각하며, 기도제목을 나누고 기도합시다.

3월

†

올라가는 신앙생활

"오직 여호와를 앙망하는 자는 새 힘을 얻으리니
독수리가 날개치며 올라감 같을 것이요
달음박질 하여도 곤비하지 아니하겠고
걸어가도 피곤하지 아니하리로다"
(사 40:31)

제9과
새로운 영적 운동

본문 / 에베소서 4:21-24 찬송 / 421, 289장

하나님은 믿음으로 우리들이 날마다 새로워지기를 원하고 계십니다. 다시 말해서 신앙의 성장을 원하시는 것입니다. 만일 우리가 언제나 그 자리에 그대로 머물러 있다면 하나님은 기뻐하시지 않으실 것입니다.

이 혼탁한 사회와 세대를 구원하기 위하여 우리들이 새로워지기를 원하시는 것입니다. 우리들의 영이 새로워지지 않으면 이 사회를 바르게 인도할 수 없기 때문입니다.

1. 자신을 살리는 운동이 필요합니다.

과거는 하나의 사례(Case)로 남아 있는 것입니다. 과거에 집착하면 진보할 수 없습니다. 교회에도 가끔 과거의 습관 때문에 새로운 것을 받아들이는 데 어려움을 당하는 사람이 있습니다. 그것은 습관과 믿음의 행위를 구분하지 못하는 데서 오는 것입니다.

하나님의 말씀으로 새롭게 변화되는 것은 나의 영혼이 죽음에서 살리심을 받는 것입니다. 영이 살아야 육도 삽니다. 영이 살아야 정신도 건강하게 됩니다. 영적으로 건전하지 못한 사람은 모든 것이 바르지 못합니다. 믿는다고 하면서도 거짓을 일삼고, 이웃을 욕되게 하고, 자기의 이익만을 구하는 사람을 보면, 그에게는 예수님의 그림자를 발견할 수 없습니다.

내가 살기 위해서 우리는 새롭게 되어야 합니다. 세상이 아무리 간악해진다고 할지라도 우리 믿음의 식구들은 바르게 살기를 원합니다. 세상과 타협하지 않으려고 노력해야 합니다. 조금 밑진다 해도 하나님이 채워 주심을 믿고 손해보는 삶을 택하는 것입니다.

2. 버릴 것은 버리고 입을 것은 입어야 합니다.

◆ 우리가 버릴 것과 입을 것은 무엇입니까?(엡 4:21-22, 골 3:9-10)

버릴 것 _____

_____

입을 것 _____

_____

그리스도 안에 거할 때에 새로운 피조물이 됩니다. 그리스도 밖에 있으면 언제나 옛것입니다. 우리는 유혹의 욕심을 따르는 구습을 버릴 수 있어야 합니다. 내가 이전에 즐겨 행하던 것도 주님을 알고 나서부터는 버릴 수 있어야 합니다. 주님이 내 안에 거하기 이전에 나만을 위하던 것이 이제는 주님과 함께 기뻐할 수 있는 것이 되어야 합니다. 그리스도 중심으로 살아가는 삶이 새로운 피조물입니다.

3. 옛것들을 어떻게 버립니까?

나를 낮추므로서 옛것들을 버릴 수 있습니다. 내가 높아지려 하면 주님이 낮아져야 합니다. 내가 낮아지면 주님이 높아지실 수 있습니다. 주님을 높여 드리는 자가 될 때 옛것들을 버리게 됩니다.

◆ 어떻게 옛것을 버릴 수 있습니까?(골 3:2-3)

_____

_____

땅엣 것을 생각하지 말고 위엣 것을 생각할 때 버릴 수 있습니다. 땅엣 것은 모두 유한한 것들입니다. 심판 날에 다 심판을 받고 멸망 받을 존재들입니다. 그러나 위엣 것은 하나님이 계시는 곳이요 영원한 것입니다. 우리들의 살아갈 길만을 갈구하면 하늘 길을 잊어버리게 됩니다. 세상 것만 바라보게 되면 하늘의 것을 잃게 됩니다.

컵 속에 더러운 물이 가득 들어 있습니다. 더러운 물을 버리기 위해서는 어떻게 해야 할까요? 쏟아버려야 합니다. 그러나 우리들의 속에 더러운 것들이 가득 차 있다면 쏟아 버리는 것도 그리 쉽지 않을 것입니다.

◆ 우리 속에 무엇으로 채워야 우리 속의 더러운 것이 깨끗하게 될 수 있습니까?(엡 5:26)

_____

_____

새로운 영적 운동이 일어나야 합니다. 구태의연한 사고방식과 신앙 행위로서는 하나님의 교회를 바로 세울 수 없습니다. 더구나 우리의 영혼이 건강하게 살 수 없습니다. 새로운 영적 운동은 잘못된 옛것을 버리는 운동입니다. 하나님의 것을 바라보며 그의 주시는 복으로 채워지는 것입니다. 나뿐만 아니라 이웃도 살리는 운동입니다. 내가 새로워져야 새로운 일을 할 수 있습니다.

† 다시 말씀을 음미하면서
"너희는 유혹의 욕심을 따라 썩어져 가는 구습을 따르는 옛 사람을 벗어버리고 오직 너희의 심령이 새롭게 되어 하나님을 따라 의와 진리의 거룩함으로 지으심을 받은 새 사람을 입으라"(엡 4: 22-24).

† 말씀 따라 실천을
오늘 말씀을 생각하면서, 한 주간 동안 꼭 실천할 것을 기록해 봅시다.

_____

_____

하나님 아버지 오늘도 우리에게 오셔서 하늘의 신령한 것으로 채워 주옵소서. 우리가 새롭게 변화되어 주님만을 따르게 하시고, 주님의 이름을 널리 전하게 하옵소서. 예수님의 이름으로 기도 드립니다. 아멘.

† 말씀이 살아 움직이도록

하나님 앞에 온전한 예배를 드렸습니까? 예, 아니오
날마다 기도를 열심히 했습니까? 예, 아니오
매일 성경을 읽었습니까? 예, 아니오
지난 주 실천사항을 실천했습니까? 예, 아니오

† 함께 나누는 기도

구역식구들의 형편과 처지를 생각하며, 기도제목을 나누고 기도합시다.

제10과
줄을 바로 섭시다

본문 / 요한복음 14:6-17 찬송 / 516, 364장

군대에서는 줄을 잘 서야 된다는 말이 있습니다. 옛날에는 줄을 서는 대로 좋은 보직을 받았던 모양입니다. 요즈음은 학력과 출신학과와 자격증을 고려해서 군대에서도 특기를 받게 됩니다. 또한 선착순이라는 게 있는데 이것을 할 때 줄을 잘 서야 합니다. 어떤 줄은 선착순을 하지 않아도 되기 때문입니다. 차를 운전하고 가다가도 줄을 잘 서야 할 때가 있습니다. 차가 많이 밀려 있을 때 어느 줄에 서느냐에 따라 빨리 갈 수도 있기 때문입니다.

세상 모든 사람들이 줄서기를 합니다. 출세를 위하여 어떤 줄에 설 것인가 망설입니다. 줄을 잘 서야 출세를 하고, 줄을 잘 서야 돈을 잘 벌고, 줄을 잘 서야 잘 살기 때문입니다. 우리들은 신앙의 줄을 잘 서야 합니다. 줄을 잘 못 섰다가 영혼이 망한 사람도 많습니다.

1. 성령께서 역사하시는 줄에 서야 합니다.

성령은 많은 사람들을 감화 감동시키셔서 하나님의 일을 이루게 합니다. 우리들로 하여금 죄의 길에 서지 않도록 보호하십니다. 성령은 우리에게 믿음을 가지게 하십니다. 또한 우리로 하여금 하나님의 사람으로 거듭나게 하십니다. 거듭난다는 것은 영적으로 다시 태어나는 것을 말합니다. 영적으로 태어나는 것은 세상만 바라보다가 하나님을 바라보게 되는 것입니다. 세상에만 소망을 두다가 천국의 소망을 가지게 되는 것입니다. 육신의 부모님만을 부모로 알다가 하나님을 아버지라 부르게 되는 복입니다.

성령의 줄에 설 때 우리들의 문제가 해결됩니다. 어린아이들이 부모님과 함께 있을 때에는 문제해결을 받습니다. 그러나 부모 곁을 떠나면 스스로 문제를 해결해야 합니다. 성령은 우리들의 보혜사가 되십

니다. 보혜사란 우리를 보호하시며 은혜를 주시는 하나님의 영이십니다. 항상 우리와 함께 하시며, 우리가 어려움을 당할 때 보호하시고 동행하여 주십니다.

◆ 보혜사 성령의 하시는 일은 무엇입니까?(요 14:26)

_____

_____

보혜사 성령은 진리의 영이시므로, 우리로 하여금 진리를 깨닫게 하십니다. 성령님이 계시지 않으면 하나님의 말씀을 들어도 깨닫지 못합니다. 우리가 말씀을 깨닫지 못하면 문제를 바로 보지 못하고 해결할 길이 없습니다.

2. 생명의 길 되신 주님의 편에 서야 구원을 얻습니다.

길이요 진리요 생명이신 예수님을 따라가는 줄에 서야 합니다. 그리스도의 줄에 서지 아니하면 구원을 받지 못합니다. 예수님을 따르는 줄은 고통을 각오해야 합니다. 핍박을 각오해야 합니다. 하나님의 일을 하고자 하면 언제나 마귀의 역사가 틈탑니다.

◆ 누가복음 12:20에 "하나님은 이르시되 어리석은 자여 오늘 밤에 네 영혼을 도로 찾으리니 그러면 네 예비한 것이 뉘것이 되겠느냐?"고 하셨습니다. 만일 이렇게 된다면 우리의 삶이 어떻게 될까요?

_____

_____

우리가 세상에서 원 없이 살았다고 해도, 세상에서 많은 부를 얻었고, 명예를 얻었고, 권세를 누렸다고 해도 천국에 들어가지 못한다면 무슨 소용이 있겠습니까? 구원은 거저 주시는 값싼 은혜가 아닙니다. 주님이 우리를 대신하여 죽으신 가장 귀한 대가를 치른 은혜입니다.

좌로나 우로 치우치지 말고, 환난 핍박을 당해도 주님의 편에 굳게 서기를 바랍니다.

3. 교회의 성장을 위해서 기도의 줄을 서야 합니다.

◆ 초대교회는 어떻게 시작되었습니까?(행 1:12-14)

_____

_____

◆ 교회에서 직분을 세우신 목적은 무엇입니까?(엡 4:12-13)

_____

_____

기도의 줄은 우리의 힘을 한데 모으는 역할을 합니다. 한 가닥의 줄은 힘이 약할지라도 여러 가닥을 꼬면 튼튼해집니다. 기도는 우리의 실낱 같은 힘을 삼겹줄로 꼬아주는 역할을 합니다. 우리 교회는 기도의 줄이 끊이지 않아야 합니다. 날마다 기도하는 성도들이 교회를 지켜야 합니다. 교회는 목사 혼자만의 힘으로 되는 것이 아닙니다. 어느 특별한 개인의 힘으로도 지탱하는 것이 아닙니다. 우리 모두가 하나가 될 때에 우리 교회는 튼튼하게 설 수 있습니다.

† 다시 말씀을 음미하면서
"예수께서 이르시되 내가 곧 길이요 진리요 생명이니 나로 말미암지 않고는 아버지께로 올 자가 없느니라 너희가 나를 알았더라면 내 아버지도 알았으리로다 이제부터는 너희가 그를 알았고 또 보았느니라 빌립이 이르되 주여 아버지를 우리에게 보여 주옵소서 그리하면 족하겠나이다"(요 14:6-8).

† 말씀 따라 실천을
오늘 말씀을 생각하면서, 한 주간 동안 꼭 실천할 것을 기록해 봅시

다.

_____

_____

† 말씀 따라 기도를

하나님 아버지, 우리가 이 세상을 사는 동안 믿음의 줄에 서게 하시고, 하나님의 일을 위하여 부지런히 살게 하옵소서. 선택하여 주심을 늘 기뻐하며 감사의 삶을 살게 하옵소서. 예수님의 이름으로 기도드립니다. 아멘.

† 말씀이 살아 움직이도록

하나님 앞에 온전한 예배를 드렸습니까? 예, 아니오
날마다 기도를 열심히 했습니까? 예, 아니오
매일 성경을 읽었습니까? 예, 아니오
지난 주 실천사항을 실천했습니까? 예, 아니오

† 함께 나누는 기도

구역식구들의 형편과 처지를 생각하며, 기도제목을 나누고 기도합시다.

제11과
일어나 올라갑시다

본문 / 이사야 40:27-31 찬송 / 354, 458장

여름에 높은 산에 올라 멀리 내려다 보면 그 시원함이야말로 어디에도 비길 수 없습니다. 올라가는 것이 나쁜 것도 있지만, 대부분 기분 좋은 의미를 가지고 있습니다. 물가가 오르는 것은 나쁘지만, 아이의 성적이 오르고, 남편의 봉급이 오르고, 주가가 오르는 것들은 모두 좋은 일입니다. 이와 같이 우리의 신앙 수준도 올라가는 것은 좋은 현상입니다. 우리들의 믿음이 성장하기 위해서는 어떻게 해야 하는지 생각해 보기로 합시다.

1. 자리를 정리하고 일어나야 합니다.

◆ 여러분은 지금 당장 고향을 떠나라고 한다면 떠날 수 있겠습니까? 이러한 명령에 아브라함은 어떻게 순종하였습니까?(창 12:1-8)

_____

_____

아브라함은 하나님의 말씀을 듣고 순종하여 갈 방향을 알지도 못하면서 정든 고향과 친척을 두고 갈대아 우르를 떠났습니다. 아브라함이 살던 고향 갈대아 우르는 티그리스강과 유브라데강 사이에 있는 곳으로, '말둑'이라는 이방신을 섬기는 곳이었습니다. 하나님은 아브라함을 그곳에서 불러내어 축복의 땅으로 올라가도록 하신 것입니다.

◆ 소돔성을 떠나던 롯의 아내는 어떻게 되었습니까?(창 19:14)

_____

_____

천사들이 롯과 딸들과 사위들에게 "여호와께서 이 성을 멸하실 터이니 너희는 일어나 이곳에서 떠나라"고 하였지만, 롯의 사위들은 그 말을 농담으로 여겼다고 했습니다. 롯의 아내는 평생동안 모은 재산이 아까와서 뒤돌아보지 말라는 명령을 저버리고 뒤돌아보다가 소금기둥이 되고 말았습니다.

아브라함은 믿음으로 하나님의 말씀에 순종하였습니다. 우리가 앉아 있는 자리가 우상의 자리요, 타락한 자리요, 멸망당할 자리라면, 우리는 과감히 자리를 털고 일어나 하나님이 준비하신 복된 장소로 올라갈 수 있어야 합니다.

2. 벧엘로 올라가야 합니다.

◆ 야곱이 벧엘로 올라간 이유는 무엇입니까?(창 35:3)

_____

_____

벧엘은 '하나님의 집'을 의미합니다. 이곳은 아브라함이 처음으로 하나님께 단을 쌓고 제사를 드린 곳입니다. 그리고 야곱이 형 에서의 낯을 피하여 도망하다가 돌베개를 하고 자다가 꿈에 하나님을 만난 곳입니다. 우리는 이제 일어나 구원의 하나님을 만나러 벧엘로 올라가야 합니다.

벧엘로 올라가는 것은 예배를 드리러 가는 것입니다. 하나님의 성전인 교회로 가야 함을 말합니다. 이스라엘 백성은 매년 세 차례 예루살렘으로 올라가서 하나님께 제사를 드렸습니다. 우리는 교회로 나아가서 하나님 아버지께 신령과 진정으로 예배를 드려야 합니다. 하나님의 집에 나아갈 때에 진정한 평안과 위로가 우리에게 임하며, 하나님이 우리의 나아갈 길을 보여주십니다.

3. 하나님의 거룩한 산으로 올라가야 합니다.

◆ 우리가 산으로 올라가야 할 이유는 무엇입니까?(미 4:2)

_____

_____

모세가 십계명을 받으러 하나님의 산으로 올라갔습니다. 아브라함은 100세에 얻은 아들 이삭을 하나님께 제물로 바치러 모리아산으로 올라갔습니다. 엘리야는 바알과 아세라를 섬기는 자들과 싸우러 갈멜산으로 올라갔습니다. 예수님은 사랑하는 백성들을 죄악에서 구원하시기 위하여 십자가를 지시고 골고다로 올라가셨습니다. 주님께서 십자가를 지심으로 우리가 자유로워졌고, 하나님께 나아가 언제든지 예배드릴 수 있게 된 것입니다.

올라가는 것은 힘들고 어려운 길입니다. 그러나 산의 정상에 오르면 마음이 상쾌해지고 무언가 이루었다는 성취감을 느낄 수 있습니다. 그러나 내려가는 길은 힘들지 않습니다. 산을 다 내려가고 나면 웬지 답답함을 느끼게 됩니다. 그러나 그 괴로움과 고통은 산에 올라갔을 때 끝났습니다. 하나님은 아들 대신 숫양을 미리 준비하고 계셨던 것입니다. 여호와의 산에 오르면 모든 문제가 해결됩니다. 우리 마음의 고통이 사라집니다. 우리의 염려하던 것들이 모두 해결되는 것입니다.

하나님께서는 우리들에게 하나님께로 올라오기를 원하십니다. 하나님께로 올라와서 신령과 진정으로 예배하는 자들을 찾고 기다리십니다.

† 다시 말씀을 음미하면서

"오직 여호와를 앙망하는 자는 새 힘을 얻으리니 독수리가 날개치며 올라감 같을 것이요 달음박질하여도 곤비하지 아니하겠고 걸어가도 피곤하지 아니하리로다"(사 40:31).

† 말씀 따라 실천을

오늘 말씀을 생각하면서, 한 주간 동안 꼭 실천할 것을 기록해 봅시다.

_____

_____

† 말씀 따라 기도를

우리들이 진정 하나님의 거룩한 전으로 날마다 오르게 하시고, 하나님만 예배하게 하옵소서. 예수님의 이름으로 기도 드립니다. 아멘.

† 말씀이 살아 움직이도록

하나님 앞에 온전한 예배를 드렸습니까? 예, 아니오
날마다 기도를 열심히 했습니까? 예, 아니오
매일 성경을 읽었습니까? 예, 아니오
지난 주 실천사항을 실천했습니까? 예, 아니오

† 함께 나누는 기도

구역식구들의 형편과 처지를 생각하며, 기도제목을 나누고 기도합시다.

제12과
믿음을 자라게 합시다

본문 / 골로새서 2:1-7 찬송 / 546, 204장

믿음이란 하나의 생명체와 같습니다. 그래서 성경에는 작은 믿음을 '겨자씨'에 비유하기도 합니다. 비록 '겨자씨'만한 작은 믿음일지라도 그 믿음에는 생명이 있는 까닭에, 거기서 싹이 나고 줄기가 자라서 마침내 큰 나무가 되어 그 가지에 새들이 와서 깃들이고 풍성한 열매를 맺게 되는 것입니다. 마찬가지로 생명이 있는 믿음은 자라야 합니다. 그 자라는 모습을 본문에서 세 단계로 가르치고 있는데 그 단계를 따라 믿음의 단계를 살펴보기로 하겠습니다.

1. 뿌리내리는 믿음의 단계입니다.

뿌리를 내린다는 것은 신앙생활의 첫 단계로서 회개하고 죄 사함을 받은 확신을 먼저 가져야 함을 뜻하고 있습니다. 예수님의 설교의 첫 마디가 바로 "회개하라"였음을 보아도 속죄가 믿음의 첫 단계임을 알 수가 있습니다. 믿음이라고 하는 나무의 뿌리는 바로 박혀야 하고, 시냇가에 심겨져야 하듯 신앙은 먼저 철저한 회개와 속죄의 경험을 통해서 뿌리가 깊이 내려야 합니다. 뿌리 없는 나무는 마치 모래 위에 지은 집처럼 허약한 것이 되고 마는 것입니다.

◆ 고린도후서 9:15에서 사도 바울은 무엇이 감사하게 한다고 했습니까? 그것은 무엇을 의미합니까?

_____

_____

은혜는 은혜 받은 자 외에는 모르는 것입니다. 체험적인 신앙은 바로 뿌리와 같은 것으로 사죄의 기쁨과 감격은 신자가 가져야 할 첫 단계가 되는 것입니다.

2. 굳게 서는 믿음의 단계입니다.

믿음의 뿌리에서 싹이 나고 줄기가 튼튼하게 자라서 굳게 서야 합니다. 비바람이 몰아치고 아무리 따가운 태양빛이 내리쬔다 해도 흔들리거나 쓰러지지 아니하고 굳게 서 있어야 합니다. 뿌리가 굳게 박힌 신자는 언제까지나 어린아이가 아니라, 이제는 자라서 청년이 되고 장년이 되는 신앙인을 의미합니다. 이제 스스로 자기 할 일을 감당해 나가야 합니다. 언제까지나 남의 도움으로 남을 의지하며 살 수는 없는 것입니다. 그러므로 이제는 어린아이의 일을 버려야 합니다. 그러기 위해서 스스로 굳게 서는 믿음을 소유해야 하는데, 이것이 바로 자립적인 신앙이라 할 수 있습니다.

◆ 굳게 서는 믿음을 소유하기 위해서 어떻게 해야 하는지, 오늘 본문에서 찾아봅시다.

_____

_____

'교훈을 받는 대로'라고 함은 '말씀'으로 힘을 공급받아야 함을 의미합니다. 믿음은 저절로 생기는 것이 아니라. 기도하고 예배에 참석하고 말씀을 배우고 배운 대로 실천에 옮길 때에 그 믿음은 몰라보게 성장하게 되는 것입니다. 그러므로 말씀을 배우는 일을 소홀히 하면 안됩니다. 말씀의 기초가 없는 신앙은 쉽게 흔들리고 넘어지게 됩니다.
"동남풍아 불어라 서북풍아 불어라 가시밭에 백합화 예수 향기 날리니"라는 복음송의 노랫말처럼, 굳게 세움을 입은 신앙은 어려울 때일수록 더욱 그리스도의 향기를 풍기는 법입니다. 우리는 믿음 안에 굳게 서서 줄기차게 자라야 할 것입니다.

3. 넘치는 분량의 믿음의 단계입니다.

신앙의 나무가 자라면 거기에 많은 열매를 맺어 풍성한 결실의 기쁨을 갖게 됩니다. 풍성한 은혜로 나 혼자만의 그리스도인의 인격을 갖추고 사는 것이 아니라 너와 내가 함께 모여 공동체로서 더불어 좋은 일을 나누면서 하나님께 영광을 돌려야 할 것입니다. 또한 신앙의 높은 경지는 권리의 주장이 아니라 의무에 속한 삶임을 깨달아야 합니다. 그것은 풍성한 열매를 맺어 나누는 신앙이요, 홀로 걱정하던 삶이 이제는 이웃 사람들을 생각하고 걱정을 해주는 큰 그릇이 되는 것입니다.

◆ 성경에서는 우리에게 어떻게 살라고 말씀하고 있습니까?(히 10:24, 살전 3:12)

_____

_____

풍성한 신앙은 나와 이웃에서 온 세계로 향할 수 있는 신앙으로 성장하게 되는 안목이 열리게 되는 것입니다. 타인을 위한 삶, 이것이 바로 풍성하게 사는 삶의 비결인 것입니다. 나무가 자라서 열매를 맺듯이, 우리의 신앙도 성장하여 성령의 열매를 풍성하게 맺는 성숙한 믿음을 소유합시다. 하루하루의 삶이 그리스도 예수 안에서 성장하여 승리하는 생활이 되시기를 바랍니다.

† 다시 말씀을 음미하면서
"그러므로 너희가 그리스도 예수를 주로 받았으니 그 안에서 행하되 그 안에 뿌리를 박으며 세움을 받아 교훈을 받은 대로 믿음에 굳게 서서 감사함을 넘치게 하라"(골 2:6-7).

† 말씀 따라 실천을
오늘 말씀을 생각하면서, 한 주간 동안 꼭 실천할 것을 기록해 봅시다.

† 말씀 따라 기도를

하나님 아버지 감사합니다. 우리가 믿음의 뿌리를 그리스도께 깊이 내리게 하시고, 풍성한 열매를 맺게 하옵소서. 서로 사랑하며 돌아보며 나누는 삶을 살게 하옵소서. 예수님의 이름으로 기도드립니다. 아멘.

† 말씀이 살아 움직이도록

하나님 앞에 온전한 예배를 드렸습니까? 예, 아니오
날마다 기도를 열심히 했습니까? 예, 아니오
매일 성경을 읽었습니까? 예, 아니오
지난 주 실천사항을 실천했습니까? 예, 아니오

† 함께 나누는 기도

구역식구들의 형편과 처지를 생각하며, 기도제목을 나누고 기도합시다.

제13과
아멘의 신앙

본문 / 고린도후서 1:18-20 찬송 / 521, 267장

돈 거래에 대한 속담이 두 가지가 있는데, 하나는 '가까운 친구 사이일수록 셈을 분명히 하라'는 것이고, 다른 하나는 "가까운 사람에게 돈을 꾸어줄 때는 아예 받을 생각을 말라"는 것입니다. 그런데 피차 자기 이익을 생각해서 채무자는 "친구 사이에 돈을 꾸어줄 때는 아예 받을 생각은 하지 말라고 했어" 라고 속담을 인용하며 돈을 갚으려고 하지 않고, 채권자는 "친구 사이일수록 셈은 분명히 하라고 했어" 라고 속담을 인용하면서 빚 독촉을 하는 것을 흔히 볼 수 있습니다.

설교를 들을 때도 이와 같은 태도를 취하는 경우가 있습니다. 자기에게 유익한 대로 하나님의 말씀을 듣고 인용하려고 하는데, 그것은 잘못된 것입니다. 우리는 하나님의 말씀 앞에 아멘하고 순종하는 사람이 되어야 하겠습니다.

1. 아멘으로 교회가 부흥됩니다.

◆ 본문 20절에는 아멘으로 무엇을 한다고 하였습니까?

_____

_____

어떤 교회에 '아멘 할머니'라는 별명을 지닌 할머니가 계셨는데, 그분은 말씀이 떨어지기가 무섭게 큰 소리로 아멘으로 화답을 합니다. 그러면 꾸벅꾸벅 졸던 사람도 깜짝 놀라 "아멘,"하며 잠을 깹니다. 꿀먹은 벙어리처럼 앉아있던 사람도 같이 아멘을 따라하면서 말씀을 듣고 은혜를 받았다고 합니다.

그런데 하루는 며느리가 "어머님 체통을 지키셔서 아멘을 좀 작게 하세요"라고 했더니 "알겠다. 그런데 내가 입을 꼭 다물고 있으려 해

도 아멘이 먼저 뛰쳐나가니 어떻게 하겠니”라고 하더랍니다. 그 교회는 그 '아멘 할머니'의 아멘의 불길이 번져서 교회가 부흥되어 예배당을 짓게 되었다는 것입니다.

그리스도인의 삶의 목적은 하나님께 영광을 돌리는 것입니다. 마음으로 아멘하고, 입술로 아멘하고, 행동으로 아멘하여 순종하면 바로 하나님께 영광을 돌리는 것입니다.

2. 아멘하면 은혜를 받게 됩니다.

◆ 말씀을 받을 때 우리는 어떻게 해야 합니까?(살전 2:13)

_____

_____

닭을 키우면서 모이를 주면, 건강한 닭은 쏜살같이 달려와 모이를 열심히 주워먹지만, 병든 닭은 느릿느릿 와서 변두리에 맴돌면서 부리로 모이를 쪼았다 놓았다 하다가 겨우 하나씩 먹습니다. 이와 마찬가지로 성도들이 건강한가 병들었는가는 말씀을 전할 때 그 듣는 태도를 보고 알 수 있습니다.

병든 심령은 주일이 되면 '웬 놈의 주일이 이렇게 자주 돌아오나. 없는 놈 제사 돌아오듯 하네' 하면서, '교회 가기는 싫지만 안가면 전도사님이나 구역장이 심방을 오니까 귀찮으니 가서 얼굴이라도 내밀고 와야지' 하고 설교시간에 맞춰서 느릿느릿 교회로 옵니다. 그리고는 설교시간에 꾸벅꾸벅 졸다가 예배가 끝나면 끝나기가 무섭게 교회를 빠져나갑니다.

그러나 건강한 심령은 '주일이 5일 만에 한 번씩 돌아오면 좋겠다'고 생각하며 은혜를 사모하다가, 주일이면 일찍 교회에 나와 예배를 준비합니다. 말씀을 들을 때는 아멘하고, 그 말씀을 맛있는 음식을 삼키듯이 꿀꺽 삼켜서 자기에게 주신 하나님의 말씀으로 받아들입니다. 예배를 소중히 여겨 주일을 성수하며 하나님의 말씀을 아멘으로 받아들이는 성도는 신앙이 아름답고 튼튼하게 성장하는 것입니다.

3. 아멘을 하면 복을 받습니다.

유명한 역사가 토인비는 1950년에 "앞으로 40년 후에 이 지구는 핵전쟁으로 끝장이 날 것이다"라고 했지만, 1990년에 핵전쟁으로 세상이 끝장난 것이 아니라 하나님의 능력으로 소련이 붕괴되고 공산주의가 무너졌습니다. 소련이 무너진 후 어떤 신문기자가 독일의 전 수상이었던 블란트에게 동서독이 언제 통일될 것 같으냐고 물었더니 "앞으로 10년 후에 통일될 것이다"라고 했는데, 그 다음날 베를린 장벽이 무너지고 동서독이 통일된 것입니다.

◆ 신명기 27:16절에 보면 "부모를 경홀히 여기는 자는 저주를 받을 것이라" 그러면 모든 백성이 "아멘"을 했다고 하였습니다. 이것은 어떤 의미일까요?

_____

_____

하나님의 역사는 인간의 예견을 초월하여 홀연히 꿈과 같이 갑자기 이루어지는 것입니다. 우리는 하나님의 말씀 앞에 아멘해야 됩니다. 마음으로, 입을 벌려서, 생각과 행동으로 아멘하고 순종해야 됩니다. 이로서 하나님께 영광을 돌리게 되면 은혜 받고 교회가 부흥될 것입니다.

† 다시 말씀을 음미하면서
"하나님의 약속은 얼마든지 그리스도 안에서 예가 되니 그런즉 그로 말미암아 우리가 아멘 하여 하나님께 영광을 돌리게 되느니라"(고후 1:20).

† 말씀 따라 실천을
오늘 말씀을 생각하면서, 한 주간 동안 꼭 실천할 것을 기록해 봅시다.

† 말씀 따라 기도를

우리가 하나님의 말씀을 들을 때 아멘으로 받을 수 있는 마음이 되게 하옵소서. 순종함으로 올해에도 하나님의 풍성하신 복을 소유하는 자녀가 되게 하옵소서. 예수님의 이름으로 기도 드립니다. 아멘.

† 말씀이 살아 움직이도록

하나님 앞에 온전한 예배를 드렸습니까? 예, 아니오
날마다 기도를 열심히 했습니까? 예, 아니오
매일 성경을 읽었습니까? 예, 아니오
지난 주 실천사항을 실천했습니까? 예, 아니오

† 함께 나누는 기도

구역식구들의 형편과 처지를 생각하며, 기도제목을 나누고 기도합시다.

4월

†

십자가의 치유

"그의 십자가의 피로 화평을 이루사
만물 곧 땅에 있는 것들이나 하늘에 있는 것들이
그로 말미암아 자기와 화목케 되기를 기뻐하심이라"
(골 1:20)

제14과
예수 그리스도의 시대

본문 / 히브리서 1:1-12 찬송 / 92, 94장

어느 초등학교의 연극 발표회에서 주역을 맡은 소녀가 실수를 하지나 않을까 하는 염려와 두려움에 자신감이 없었습니다. 그러나 갑자기 아이는 용기를 얻고 침착하게 잘 하여 박수갈채를 받았습니다. 그 소녀가 갑자기 큰 용기를 얻은 까닭은 관객들 중에서 아버지가 자기를 보고 있는 것을 발견하고, 아버지가 와서 보고 계신다는 생각이 그 소녀에게 큰 용기를 주었던 것입니다.

오늘날 우리 국가와 사회를 바라보면 심히 불안하고 염려스럽습니다. 그러나 과거에 우리나라는 오늘의 상황보다 몇십 배나 더 어렵고 어둡고 절망적인 상황들을 극복해 왔습니다. 우리는 우리의 과거 역사를 회고해 봄으로 오늘의 난관을 극복해 나가야 하며 극복할 수 있다는 개인적이고도 국가적인 희망과 가능성을 바라보아야 할 것입니다. 특별히 우리는 불가능을 가능케 하고, 환란과 난리 중에도 요동치 않는 반석으로서 그의 백성을 보호하시고 함께 하시는 우리의 목자요 반석이신 주 예수님을 바라보아야 하겠습니다.

1. 예수 그리스도는 하나님이십니다.

어떤 이들은 예수님은 하나님이 아니라거나, 성부보다 그 능력이나 영광이나 위치가 열등하다고 생각합니다. 그러나 오늘 말씀에 보면 그는 하나님의 영광의 광채 바로 그것이라고 했습니다.

◆ 성경에서는 예수님을 누구라고 말씀하고 있습니까?(요 14:9-10, 빌 2:6)

_____

_____

예수 그리스도는 근본 하나님과 본체시며, 하나님과 동등하신 분이 십니다. 요한복음 1장에는 예수 그리스도는 영원히 계신 로고스이며, 살아 계신 하나님이시라고 말씀하고 있습니다. 성부 곁에 함께 계셨던 성자 하나님이라는 의미입니다. 본문 8절에도 예수님을 "아들에 관하여는 하나님이여 주의 보좌는 영영하며 주의 나라의 규은 공평한 규이니이다"고 하심으로, 하나님이시요 또한 주님이라는 것을 말하고 있습니다. 그러므로 예수님은 하나님의 아들이시며, 하나님과 동등하신 하나님이신 것입니다.

2. 예수 그리스도는 탁월하신 하나님의 아들이십니다.

본문 4절에, "그가 천사보다 훨씬 뛰어남은 그들보다 더욱 아름다운 이름을 기업으로 얻으심이니"라고 말씀하고 있습니다. "그가 천사보다 훨씬 뛰어남은…"이라는 것은 예수님의 탁월성을 말합니다.

첫째, 이름에 있어서 탁월하신 것입니다. 천사는 하나님의 종이지만, 예수님은 하나님의 아들이라는 것입니다. 아들과 종은 그 이름이 비교될 수 없습니다.

둘째, 천사들은 하나님을 경배하는 자들이요, 아들은 경배를 받는 분이십니다. 아들이 인간의 모습으로 이 세상에 탄생하여 오실 때 천군 천사들이 "지극히 높은 곳에서는 하나님께 영광이요 땅에서는 하나님이 기뻐하신 사람들 중에 평화로다"(눅 2:14) 라고 노래했습니다.

셋째, 천사들은 섬기는 자들이나 예수는 섬김 받는 왕이십니다. 본문 8절에, "아들에 관하여는 하나님이여 주의 보좌는 영영하며 주의 나라의 규는 공평한 규이니이다"고 하심으로 보좌에 앉으신 이시요, 홀로 온 세상을 통치하시는 왕이라고 묘사했습니다.

◆ 스데반 집사가 순교할 때 하늘을 주목하니 예수께서 어디에 계신 것을 보았다고 했습니까?(행 7:55)

_____

_____

주님이 보좌에 앉아 계신다는 표현은 왕으로서 통치하시는 것을 의미합니다. 물론 이러한 우리 주님은 자기 백성들을 섬기기 위해 이 세상에 오셨습니다. 그러니 그가 우리를 얼마나 사랑하시는가를 알 수 있는 것입니다.

3. 아들의 시대가 다가오고 있습니다.

◆ 하나님은 절망적인 상황에 있는 우리에게 어떤 말씀을 주십니까?(사 41:10)

_____

_____

아담과 하와의 범죄 이래 인류 역사를 긴긴 밤이라고 표현한다면, 이 시대는 그리스도가 오신 다음 한 밤이 끝나고 새 아침이 동트는 시각, 다시 말해 시시각각 다가오는 새벽이라고 할 수 있습니다.

이 세상의 철학, 사상, 정치나 경제 구조 그 어떤 것도 영원하거나 이상적인 것이 못됩니다. 그러나 주님은 항상 새로우시고 변함없이 모든 존재를 새롭게 하십니다. 희망의 새로움, 영혼의 새로움, 사랑의 새로움, 권태, 이 모든 것은 새롭게 하시는 주님 안에서만 새롭게 될 수 있습니다.

† 다시 말씀을 음미하면서

"이는 하나님의 영광의 광채시요 그 본체의 형상이시라 그의 능력의 말씀으로 만물을 붙드시며 죄를 정결하게 하는 일을 하시고 높은 곳에 계신 지극히 크신 이의 우편에 앉으셨느니라"(히 1:3).

† 말씀 따라 실천을

오늘 말씀을 생각하면서, 한 주간 동안 꼭 실천할 것을 기록해 봅시다.

_____

† 말씀 따라 기도를

오늘날 우리 국가와 사회를 바라보면 심히 불안하고 염려스럽습니다. 이 어둡고 절망적인 상황들을 극복할 수 있도록 힘 주옵소서. 언제나 함께 하시는 우리의 목자요 반석이신 예수님의 이름으로 기도 드립니다. 아멘.

† 말씀이 살아 움직이도록

하나님 앞에 온전한 예배를 드렸습니까? 예, 아니오
날마다 기도를 열심히 했습니까? 예, 아니오
매일 성경을 읽었습니까? 예, 아니오
지난 주 실천사항을 실천했습니까? 예, 아니오

† 함께 나누는 기도

구역식구들의 형편과 처지를 생각하며, 기도제복을 나누고 기도합시다.

제15과
좁은 문으로 드시는 예수

본문 / 마태복음 7:13-14 찬송 / 521, 455장

예수님의 입성을 보면 최소한 외형적으로는 왕의 입성 행차에 걸맞는 모양새를 갖추었습니다. 길 위에는 붉은 카펫트는 없었지만 사람들이 겉옷을 벗어다가 깔았습니다. 비록 어마어마한 휘장은 아니더라도 종려나무 가지가 사람들 손에 들려 흔들렸습니다. 또한 "호산나, 호산나, 다윗의 왕으로 오시는 이여" 하고 연호가 제창되었습니다. 그 길 위로 예수님이 나귀 새끼를 타고 들어오셨습니다.

나귀를 타고 입성하시는 예수님의 모습은 일개 나라의 왕도 아닌, 이 우주를 다스리실 왕의 입성식에는 너무나도 어울리지 않는 모습이었습니다. 붉은 카펫트 대신에 땟물이 줄줄 흐르는 사람들의 겉옷이 깔렸고, 종려나무 가지가 왕의 휘장을 대신했고, 더욱 우스꽝스러운 모습은 어린 나귀 새끼를 타고 들어오시는 주님의 모습이었습니다. 어찌하여 예수님은 이런 모습으로 예루살렘에 입성하시는 것일까요?

1. 인간의 역사와 하나님의 역사가 엇갈리는 길목

인간의 역사는 이 쪽을 향해서 질주하고 있는데, 하나님의 역사는 그 반대 방향으로 서서히 움직이고 있습니다. 인간의 방법과 하나님의 방법이 교차하며, 인간의 무지와 하나님의 지혜가 교차하는 길목이 바로 종려주일에 예수님이 입성하신 예루살렘의 길입니다.

요즈음 흔히 들리는 '세계화'나 '국제화'와 같은 구호는 인류가 국가 민족적 폐쇄성에서 벗어나서 국제적 교류를 통해 전세계가 한 가족처럼 더욱 친밀하고 더욱 나누고 살겠다고 하는 의지보다는, '무한 경쟁'이란 말 그대로 살아남을 자는 살아남고 죽을 자는 죽으라는 이기적인 삶을 우리에게 강요하고 있습니다.

온 세계는 이 길이 살아남는 길이라고 생각하고 너도나도 이 길을 걸

어갑니다. 그러나 오늘도 예수님은 홀로 그 반대의 길로 걸어갑니다. 패자를 짓밟고 승자가 되는 길이 아닌 패자에게 승자의 영광을 주고 자기는 패자의 길을 걷습니다. 가난하고 굶주린 이웃에게 마지막 남은 빵 조각을 주고 자기는 여유 있게 굶는 그런 길을 걷습니다. 누구나 강대국의 편이 되고 싶어하는 그런 때 주님은 약소국의 편이 됩니다. 그분은 항상 홀로 가십니다.

2. 우리는 어느 길을 따라서 걸을까요?

주님은 나귀를 타시고 우리를 돌아보시며 "너희는 어느 길을 따라 오려느냐?" 하고 물으십니다. 여기에 우리가 걸어가야 할 길이 제시되어 있습니다.

◆ 지금 우리가 믿고 바라는 예수님은 어떤 분입니까?

_____

_____

정치적 이익을 지켜 줄 왕입니까? 내 명예를 보호해 줄 왕입니까? 내 경제적 이익을 보장해 줄 왕입니까? 아닙니다. 우리의 왕은 죄와 사망과 어둠의 간교한 세력을 파하고 이기게 하시는 왕이십니다. 여러분의 왕 예수님은 지금 여러분의 헌화와 열광 때문에 맘이 상해 계시지는 않겠습니까? 입을 다물고 침묵하고 계시지 않겠습니까?

3. 왜 좁은 문으로 드셨을까요?

◆ 빌립보서 2:6은 예수님을 어떤 분으로 설명하고 있습니까?

_____

_____

◆ 오늘 본문에서 '좁은 문'은 어떤 삶의 모습을 의미합니까?

_____

_____

주님께서 나귀를 타시고 좁은 문으로 예루살렘에 들어오신 것은 온 인류의 죄를 속하여 주시기 위함이며 아버지 하나님 앞에서의 겸손을 우리에게 나타내 보이심입니다. 본체가 하나님이시나, 전혀 자신의 존귀함을 드러내지 않으시고, 조용히 소문 없이 십자가를 지시고자 하셨던 예수님의 모습을 우리는 바라보아야만 합니다.

간혹 우리들이 세상에서 또는 교회에서 직분을 받아서, 그 직분이 어떤 권세라도 되는 양 생각하며, 자신을 나타내 보이려고 할 때도 있을 것입니다. 이제 우리는 우리에게 주어진 직분은 곧 예수님의 뒤를 좇아가는 길임을 깨닫고, 겸손함으로 주님 가신 길을 묵묵히 따르는 참 제자들이 되어야 하겠습니다.

† 다시 말씀을 음미하면서

"좁은 문으로 들어가라 멸망으로 인도하는 문은 크고 그 길이 넓어 그리로 들어가는 자가 많고 생명으로 인도하는 문은 좁고 길이 협착하여 찾는 이가 적음이라"(마 7:13-14).

† 말씀 따라 실천을

오늘 말씀을 생각하면서, 한 주간 동안 꼭 실천할 것을 기록해 봅시다.

_____

_____

† 말씀 따라 기도를

주님께서 나귀를 타시고 좁은 문으로 예루살렘에 들어오신 것은 온 인류의 죄를 속하여 주시기 위함이며 아버지 하나님 앞에서의 겸손을 우리에게 나타내 보이심입니다. 우리도 우리의 십자가를 지고 주님을 따라 살게 도와주옵소서. 예수님의 이름으로 기도 드립니다. 아멘.

† 말씀이 살아 움직이도록
하나님 앞에 온전한 예배를 드렸습니까? 예, 아니오
날마다 기도를 열심히 했습니까? 예, 아니오
매일 성경을 읽었습니까? 예, 아니오
지난 주 실천사항을 실천했습니까? 예, 아니오

† 함께 나누는 기도
구역식구들의 형편과 처지를 생각하며, 기도제목을 나누고 기도합시다.

제16과
십자가의 치유

본문 / 호세아 6:1-2 찬송 / 154, 295장

오늘 우리들은 혼란한 가운데 주님의 고난 당하신 고난주간을 맞이하게 되었습니다. 어쩌면 하나님은 우리들을 너무나 사랑하시기에 이러한 고통을 허락하셨고, 주님의 고난을 더욱 함께 느끼도록 하심이 아닌가 생각합니다.

우리는 흩어진 양 떼들로서 하나님의 치료하시는 손길을 구해야 합니다. 예수 그리스도께서 우리를 위해 지신 십자가의 능력으로 치유함을 받아야 하겠습니다. 또한 우리 성도들에게 닥치는 어려움들이 우리들에게 주어진 하나님의 시험으로 달게 받아, 은과 금같이 불 속의 연단을 거쳐서 더욱 귀한 하나님의 영광을 나타내는 성도들이 되시기를 바랍니다.

1. 잘못된 자리에서 떠나 여호와께로 돌아가야 합니다.

우리는 먼저 잘못된 자리, 죄악의 자리에서 일어나 떠나야만 합니다. 떠나지 않고서는 구원과 치유가 없습니다. 세상의 방법으로는 해결할 수 없고 치료할 수 없습니다. 잘못된 처방을 버리고 하나님의 처방을 구해야 합니다.

하나님이 아브라함을 통해서 하나님의 백성들을 구원하시고자 하는 계획을 하실 때 가장 먼저 요구하신 것은 곧 떠나라고 하신 것이었습니다. 오늘 여러분에게도 하나님은 떠나라고 명령하십니다. 아브라함은 하나님의 말씀을 순종하여 본토와 친척과 아비집을 떠났다고 했습니다.

◆ 본토와 아비와 친척이 의미하는 것은 무엇일까요?

본토는 우리의 근본된 의지, 곧 우리가 의지할 곳을 의미합니다. 아비와 친척이 의미하는 것은 유산을 의미합니다. 우리가 받을 유산이 무엇입니까? 예수께서 말씀하시기를 사람의 원수가 자기 집안 식구라고 하셨습니다(마 10:36). 우리를 붙잡아 떠나지 못하게 하는 가장 가까운 사람이 곧 부모요 친척입니다.

우리들의 모든 욕심과 세상에 집착한 것들로부터 떠나서 아버지 하나님께로 돌아가야 합니다. 하나님께로 돌아갈 때에 모든 것들이 새롭게 됩니다. 찢어진 것들을 싸매어 주십니다. 상처를 치료해 주십니다.

2. 과거의 자리에서 떠나야 합니다.

우리는 가끔 과거의 즐거웠던 때를 회상하기도 합니다. 그러나 우리의 기억은 과거의 즐거움보다는 괴로움이 지배하는 영역이 더 큽니다. 과거의 즐거웠던 추억들보다 괴로웠던 기억들이 더욱 오래 남아있기에 많은 사람들이 고통스러워 합니다.

사람들은 좋지 않은 일일수록 마음에 오래 새기게 됩니다. 오래 새길수록 그 마음은 더욱 고통과 괴로움을 당합니다.

과거의 괴로운 추억을 잊어버리는 첩경은 괴로움을 제공한 요인에 대한 관용입니다. 예수님께서 십자가를 지신 것은 곧 용서를 의미합니다. 세상 죄악을 용서하심이요, 우리들의 죄를 용서하심인 것입니다. 그리스도의 십자가를 바라보면서 우리는 우리에게 실망과 상처를 준 모든 이들을 용서해야 하겠습니다.

◆ 하나님이 요구하시는 것은 무엇입니까?(마 5:23-24)

3. 신뢰를 회복해야 합니다.

사람들이 어려운 일을 당하면 신뢰가 무너지게 됩니다. 장사하는 사람에게 가장 중요한 것은 신용입니다. 한번 두번 약속을 지키지 아니하면 신용이 없어지게 됩니다. 신뢰의 회복은 하나님을 아는 데 있습니다. 하나님은 우리의 희망이시요 믿음의 대상이시기에, 하나님을 바로 아는 것이 곧 인간관계의 신뢰를 회복하는 길이 됩니다.

주님께서 십자가에 못 박히시자 제자들은 모두 자기의 생업 현장으로 돌아갔습니다. 모두가 끝났다고 생각했습니다. 3년 동안 따라다니던 스승과 제자들의 관계가 여지없이 허물어지고 말았습니다. 기본적인 신뢰관계가 무너져버린 것입니다. 베드로는 주님의 십자가 앞에서 주님을 세 번이나 부인합니다. 주님께서 베드로를 돌아보실 때에 베드로는 비로소 주님께서 하신 말씀이 생각이 나서 심히 통곡했다고 했습니다.

◆ 오늘 본문에서 하나님이 우리에게 약속하시는 바는 무엇입니까?

_____

_____

주님께서 하신 말씀이 생각이 나야만 우리는 관계회복을 할 수 있습니다. 하나님의 말씀을 알아야 합니다. 하나님을 알아야 신뢰를 회복할 수 있습니다. 우리는 마태복음 16:24의 말씀과 같이, "자기를 부인하고 자기 십자가를 지고" 주님을 따라야 하겠습니다. 자기를 부정하는 것은 곧 그리스도를 긍정하는 길입니다. 하나님을 알기 위해서는 나를 부정해야 합니다. 내가 살아 있으면 살아계신 하나님을 알 수 없습니다.

† 다시 말씀을 음미하면서
"오라 우리가 여호와께로 돌아가자 여호와께서 우리를 찢으셨으나 도로 낫게 하실 것이요 우리를 치셨으나 싸매어 주실 것임이라 여호와

께서 이틀 후에 우리를 살리시며 셋째 날에 우리를 일으키시리니 우리가 그의 앞에서 살리라"(호 6:1-2).

† 말씀 따라 실천을

오늘 말씀을 생각하면서, 한 주간 동안 꼭 실천할 것을 기록해 봅시다.

_____

_____

† 말씀 따라 기도를

하나님 아버지 감사합니다. 과거의 잘못된 자리에서 떠나게 하시고, 서로 믿고 사랑하게 하옵시며, 용서하는 삶을 살 수 있도록 도와주옵소서. 예수님의 이름으로 기도 드립니다. 아멘.

† 말씀이 살아 움직이도록

하나님 앞에 온전한 예배를 드렸습니까? 예, 아니오
날마다 기도를 열심히 했습니까? 예, 아니오
매일 성경을 읽었습니까? 예, 아니오
지난 주 실천사항을 실천했습니까? 예, 아니오

† 함께 나누는 기도

구역식구들의 형편과 처지를 생각하며, 기도제목을 나누고 기도합시다.

제17과
부활의 참된 기쁨

본문 / 시편 16:8-11, 사도행전 5:27-32 찬송 / 167, 341장

부활절은 예수님께서 십자가에서 못 박히심으로 구속의 사명을 완수하시고 승리하신 다음 다시 살아나신 날이기에 정말로 기쁜 날입니다. 이 부활절이 진정으로 기쁜 절기가 되기 위해서는 부활의 의미가 무엇인지를 바로 알아야 하겠습니다. 그러나 많은 그리스도인들이 막연하게 이 다음에 다시 살아날 것이라는 정도의 신앙으로 부활절을 맞이하고 있습니다.

과학의 발달과 더불어 부활은 신화로 취급될 뿐입니다. 이런 분위기 가운데서 부활을 이야기하는 것은 쑥스러운 일이요, 바보로 취급되기 쉽기에 그리스도인들조차 옛날 사도들처럼 확신 있게 부활의 복음을 전파하고 있지 못한 것입니다.

1. 가려진 부활 사건

◆ 그리스도의 부활 사건이 세계 역사에는 왜 기록되지 않을까요?

_____

_____

예수님의 부활 사건은 부활하신 예수님 자신에 의하여 전파된 것이 아니라 그의 제자들에 의해서 전파되었습니다. 우리는 흔히 부활하신 장본인인 예수께서 친히 몇 년 동안만이라도 이 땅에 머무시면서 부활의 복음을 전하셨으면 더 많은 사람들이 부활의 사실을 믿었을 것이라고 생각합니다.

그런데 예수님은 부활하신 후 제자들에게만 몇 번 나타나셨을 뿐 일반인들 특히 종교 지도자들이나 정치 지도자들에게는 전혀 모습을 나타내지 않으셨습니다. 그리고 예수님은 부활 후 40일 만에 제자들이 보는 앞에서 승천하셨습니다.

예수님의 부활 사건 그 자체는 어떻게 보면 밖으로 드러나지 않은 채 가려져 있었습니다. 예수님의 부활은 역사의 대전환을 이룬 엄청난 사건인데도 그것은 별것 아닌 일처럼 별로 알려지지 않았던 것입니다. 학교에서 배우는 세계사에조차 기록되지 않을 만큼 정말 아무 것도 아닌 일로 간주된 것입니다. 그것은 예수님의 탄생이 하나님의 아들의 탄생임에도 불구하고 세상에 전혀 알려지지 않았던 일과 흡사합니다.

2. 부활 사건이 가려진 이유

예수님의 부활이 가려진 이유는 그 부활이 이제까지 역사에 없는 아주 특별한 사건이기 때문입니다. 나인성 과부의 아들, 회당장 야이로의 딸, 그리고 죽은 지 나흘 만에 예수께서 다시 살려주신 나사로와 같이, 죽었던 사람이 살아난 것과 같이, 예수님의 부활도 그런 부활일까요? 아닙니다. 예수님의 부활은 나사로의 부활과는 근본적으로 다른 것입니다. 죽었던 사람이 다시 살아났다고 해서 무조건 부활이라고 할 수 없습니다. 왜냐하면, 그들은 또 죽었기 때문입니다.

◆ 예수님의 부활이 알려지지 않은 이유는 무엇입니까?

_____

_____

예수님의 부활은 완전한 부활입니다. 왜냐하면, 예수님은 또 다시 죽지 않고 승천하셨기 때문입니다. 예수님께서 부활하신 후 이 땅에 남아 계시지 않고 승천하신 이유가 바로 그의 삶이 영원한 삶으로의 부활임을 보여주시기 위한 것입니다. 부활하신 예수님의 삶이 근본적으로 이 땅에 사는 우리의 삶과는 다른 것이기에 그가 이 땅에 계실 수가 없었던 것입니다. 이와 같이 예수님의 부활은 이 땅에는 없는 영원한 삶으로 나가신 것이기에 가려질 수밖에 없었던 것입니다.

3. 죽음이 지배할 수 없는 그리스도

예수님의 십자가의 죽음은 바로 인간을 얽어매던 죽음의 권세 그 자체를 깨뜨리신 것입니다. 십자가에서 죽은 것은 바로 죽음 그 자체라고 할 수 있습니다. 죽음은 더 이상 인간을 위협하는 존재가 될 수 없습니다. 그래서 예수님은 부활하신 것입니다. 예수님의 부활은 다시는 죄의 권세와 죽음이 인간을 지배할 수 없음을 보여 주신 것입니다.

이렇게 볼 때 예수 그리스도의 죽음과 부활 사건은 죄와 죽음으로 점철된 우주의 역사를 생명과 부활의 역사로 바꾸어 놓은 유일한 우주적 사건입니다. 이 사건은 하나님께서 창세 이전부터 예정하셨던 일이요 하나님의 구원의 중심을 이루는 사건입니다.

예수 그리스도의 죽음과 부활의 참된 의미를 이렇게 성령을 통해서만 알게 하신 것은 인간의 어리석은 욕망을 만족시켜 주는 사건과 구별되게 하시기 위한 것입니다. 그러므로 성령의 인도함을 받은 사람만이 그 비밀을 알게 하신 것입니다.

† 다시 말씀을 음미하면서
"내가 여호와를 항상 내 앞에 모심이여 그가 나의 오른쪽에 계시므로 내가 흔들리지 아니하리로다 이러므로 내 마음이 기쁘고 나의 영도 즐거워하며 내 육체도 안전히 살리니 이는 내 영혼을 스올에 버리지 아니하시며 주의 거룩한 자를 멸망시키지 않으실 것임이니이다 주께서 생명의 길을 내게 보이시리니 주의 앞에는 충만한 기쁨이 있고 주의 오른쪽에는 영원한 즐거움이 있나이다"(시편 16:8-11).

† 말씀 따라 실천을
오늘 말씀을 생각하면서, 한 주간 동안 꼭 실천할 것을 기록해 봅시다.

_____

_____

† 말씀 따라 기도를

예수님의 십자가의 죽으심과 부활은 인간을 얽어매던 죽음의 권세를 깨뜨리신 것입니다. 죽음은 더 이상 인간을 위협하는 존재가 될 수 없습니다. 부활의 예수님을 영원토록 찬양하며 증거하는 삶을 살게 하옵소서. 예수님의 이름으로 기도 드립니다. 아멘.

† 말씀이 살아 움직이도록

하나님 앞에 온전한 예배를 드렸습니까? 예, 아니오
날마다 기도를 열심히 했습니까? 예, 아니오
매일 성경을 읽었습니까? 예, 아니오
지난 주 실천사항을 실천했습니까? 예, 아니오

† 함께 나누는 기도

구역식구들의 형편과 처지를 생각하며, 기도제목을 나누고 기도합시다.

5월

†

어머니 같은 교회

"오직 사랑 안에서 참된 것을 하여
범사에 그에게까지 자랄지라
그는 머리니 곧 그리스도라
그에게서 온 몸이 각 마디를 통하여
도움을 받음으로 연결되고 결합되어
각 지체의 분량대로 역사하여
그 몸을 자라게 하며 사랑 안에서
스스로 세우느니라"

(엡 4:15-16)

제18과
어린이에게 하나님의 말씀을

본문 / 신명기 6:4-9 찬송 / 218, 595장

어린이들을 위하는 특별한 절기를 맞아서 어른들이 무엇을 해줄 수 있을까요? 맛있는 음식을 마련하여 먹이거나 좋은 옷을 새로 사서 입힐 수도 있습니다. 또 좋은 책을 기념으로 사주어서 읽힐 수도 있으며, 어린이와 더불어 자연의 아름다운 경치를 찾아서 관광을 할 수도 있을 것입니다. 그러나 어린이를 위하여 빼놓을 수 없는 한 가지는 그들에게 하나님의 말씀인 성경 말씀을 가르쳐 주는 것입니다.

우리 어린이들이 맛있는 음식을 설령 먹지 못한다 해도 좋으며, 아름다운 의복을 입지 못하여도 괜찮을 것이며, 좋은 책을 갖지 못하여도 빌려 읽을 수 있을 것이며, 관광을 하지 않아도 크게 문제가 될 것은 없습니다. 그러나 우리가 사랑하는 어린이들에게 하나님의 말씀을 전해주고 가르쳐 주는 일을 힘쓰지 않는다면, 비록 다른 일을 잘 해주었다 할지라도 우리는 하나님 앞에서나 그 어린이 앞에서 죄를 짓는 것이며, 실패자가 되고마는 것입니다.

1. 어린이들을 바로 보아야 합니다.

어린이들은 우리의 보기에 귀하고 아름다우며 순진하고 사랑스럽기만 합니다. 그러나 하나님의 말씀에 의지하여 어린이들을 바라볼 때는 꼭 아름답고 순진하며 귀한 것만은 아님을 깨닫게 될 것입니다. 이는 타락한 아담의 후예로 태어나는 인생마다 죄의 부패성과 죄책감이 있는 죄인으로 태어나게 되며, 인성의 전반에 부패성이 있고, 하나님이 받으실 만한 선을 행할 능력이 전혀 없는 인생으로 태어나게 되는 것입니다.

만약 어린이들이 하나님의 말씀을 듣지 못하고 배우지 못하면서 자란다면, 그들의 앞날은 뻔한 것입니다. 그들은 하나님을 알아 보지 못할 것이며, 우리의 구주이신 예수 그리스도를 알아 보지 못할 것이며, 예수 그리스도가 마련하신 구속의 은총을 받지 못할 것입니다. 그래서 소망도 없는 삶을 살 수 밖에 없을 것입니다.

◆ 현대 교육철학에서는 "인간은 본질적으로 선하여 교육을 받고 교양을 얻으면 아름다운 인생을 살 수 있다"고 말합니다. 그러나 성경은 무엇이라고 말합니까?(렘 17:9)

_____

_____

2. 날마다 죄를 이기며 살아가는 사람이 되게 해야 합니다.

사람이 죄를 지으면서 산다는 것은 큰 불행이 아닐 수 없습니다. 사람이 죄를 지으면 하나님께 노여움을 끼치게 되고, 다른 사람들에게 누를 끼치게 되고, 자기 자신은 보람없는 비참한 삶을 살게 되는 것입니다. 죄를 짓는 생활을 계속하면서도 행복할 수 있는 사람은 하나도 없는 것입니다. 그러므로 사랑하는 어린이들이 죄를 멀리하고 이기면서 살아가는 사람으로 자라가도록 도와주어야 합니다. 또 어린이들이 하나님의 사람으로 온전하게 되고 모든 선한 일을 행하기에 온전한 사람이 되도록 양육해야 하겠습니다.

◆ 하나님이 찾으시는 이상적인 사람은 어떤 사람입니까?(엡 2:10, 딤후 3:17, 딛 2:14)

_____

_____

3. 어린이에게 하나님의 말씀을 가르쳐야 합니다.

어린이들은 아무리 교육을 많이 받고 교양 있는 사람이 되고 좋은 문화적 혜택 속에 산다고 하여도, 하나님의 말씀인 성경 말씀을 듣고 배우는 일을 바르게 하지 아니하면 참으로 행복한 인생을 살 수 없게 되며, 영원을 위하여 바르게 준비할 수도 없게 됩니다. 하나님의 말씀을 배우지 않고서는 아무도 행복한 인생을 살거나 영원을 위하여 준비할 능력이 전혀 없기 때문입니다.

◆ 왜 아이들에게 하나님의 말씀을 가르쳐야 합니까?(롬 10:17, 잠 22:6)

_____

_____

비록 어릴지라도 넉넉히 배울 수 있는 말씀이 성경 말씀인 것입니다. 어린이들은 오히려 단순하고 순박하고 감수성이 많아서 성경 말씀을 배울 가장 좋은 시기에 있다고 할 수 있습니다. 어린이들이 어릴 때에 성경 말씀을 잘 배우면 늙어도 그 말씀에서 떠나지 않게 될 것입니다.

† 다시 말씀을 음미하면서
"오늘 내가 네게 명하는 이 말씀을 너는 마음에 새기고 네 자녀에게 부지런히 가르치며 집에 앉았을 때에든지 길에 갈 때에든지 누워 있을 때에든지 일어날 때에든지 이 말씀을 강론할 것이며 너는 또 그것을 네 손목에 매어 기호를 삼으며 네 미간에 붙여 표로 삼고 또 네 집 문설주와 바깥 문에 기록할지니라"(신 6:6-9).

† 말씀 따라 실천을
오늘 말씀을 생각하면서, 한 주간 동안 꼭 실천할 것을 기록해 봅시다.

_____

_____

† 말씀 따라 기도를
하나님 아버지, 아이들에게 하나님의 말씀을 가르치되, 먼저 우리들

스스로가 믿고 순종하기를 힘쓰게 하옵소서. 믿지 아니하면서 또 순종하지 아니하면서 가르치는 부모들이나 교사들은 헛되이 가르치게 되기 때문입니다. 사랑과 징계로써 하나님의 말씀을 가르치기를 힘쓰게 하옵소서. 예수님의 이름으로 기도 드립니다. 아멘.

† 말씀이 살아 움직이도록
하나님 앞에 온전한 예배를 드렸습니까? 예, 아니오
날마다 기도를 열심히 했습니까? 예, 아니오
매일 성경을 읽었습니까? 예, 아니오
지난 주 실천사항을 실천했습니까? 예, 아니오

† 함께 나누는 기도
구역식구들의 형편과 처지를 생각하며, 기도제목을 나누고 기도합시다.

제19과
자녀를 노엽게 말라

본문 / 에베소서 6:4 찬송 / 566, 575장

하나님을 믿는 우리 부모들은 자식을 어떻게 키워야 할까요? 어린이 주일을 맞이하여 우리 부모들은 깊이 생각해 보아야 할 것입니다.

자식을 양육하는 것은 소나 말처럼 훈련을 시키는 것이 아닙니다. 소나 말들은 훈련을 시키면 시키는 대로 하지만 자녀는 그렇지 않습니다. 아무리 가르치고 야단치고 해도 듣지 않을 때가 많습니다.

성도로서 우리 부모들은 어떻게 하여야 자녀들을 잘 가르칠 수 있을까요?

1. 자녀를 노엽게 하지 말아야 합니다.

자녀를 노엽게 하지 말라는 말씀은 아이들의 눈치나 보고, 아이들을 화나게 하지 말라는 것이 아닙니다. 자녀의 잘못이나 부족한 부분에 대하여 훈계를 하고 꾸중을 하고 책망하고 타일러야 할 때에 감정으로 하지 말라는 것입니다. 감정은 감정을 상하게 합니다. 감정으로 대하는 것은 노여움을 낳게 합니다. 감정으로 대하게 되면 자신이 억제를 하지 못하고 잘못된 방법으로 훈계를 하게 되기 때문입니다.

자녀는 우리의 소유물이 아닙니다. 내 자식이니까 내 마음대로 할 수 있는 것이 아닙니다. 그것은 성도된 부모가 취할 태도가 아닙니다. 우리들은 우리의 자녀라 할지라도 인격적인 모독을 할 권리는 없습니다. 우리는 대리양육권을 가진 것입니다. 우리의 자녀는 하나님의 자녀입니다.

자식을 욕하는 것도 함부로 해서는 안 됩니다. 이런 마음을 가진다면 우리는 술에 취한 사람과 같습니다. 술에 취한 사람은 이성적인 판단을 할 수 없기 때문입니다. 이성적이지 못한 사람은 감정의 통제가 무너지게 되어 자녀를 감정으로 다스리게 됩니다. 그래서 자녀를 노엽게 하여 부모와 자식 간에 끔직한 결과를 초래하게 되는 것입니다.

◆ 자녀들의 마음을 아프게 한 일이 있습니까? 구체적으로 어떤 일이었습니까? 그 때의 마음은 어떠했습니까?

_____

_____

2. 자녀를 기분으로 다스리지 말아야 합니다.

술 취한 부모는 때로 자신의 기분으로 자녀들에게 대할 때가 있습니다. 술 취하지 않아도 부모가 자신의 기분이 좋으면 자녀에게 너그럽게 대하고, 자신의 기분이 나쁘면 그 감정을 자식에게 전가시키는 경우도 있습니다. 부모가 자녀를 기분으로 다스리면 자식은 부모의 기분을 맞추려고 눈치만 보고 삽니다. 기회주의자가 되게 만듭니다.

요즈음 부모들은 자녀의 실수에 대하여 매우 관대합니다. 연필 한 자루 잃어버리고 돌아오면 '그까짓 것 사면 되지'라고 합니다. 우리가 어릴 때엔 연필 한 자루가 얼마나 귀했었습니까? 그렇게도 귀했던 것들이 오늘에는 너무나 흔한 것이 되었습니다.

물질의 풍요로움은 좋은 것입니다. 그러나 그 풍요로움을 잘못 누리면 해가 됩니다. 그 풍요로움을 자녀들에게 잘못 가르치면 자녀들의 인생을 망쳐버리게 됩니다. 우리 부모들이 자랄 때의 한을 자녀들에게 풀려는 보상심리가 작용하는 것을 경계해야 합니다. 나는 어렵게 자랐으니 너만은 그렇게 살지 말아야 한다고 합니다. 나는 가난하게 자랐으니 너는 결코 가난하게 살아서는 안 된다는 것입니다. 나는 공부를 하지 못했으니 너는 반드시 대학을 가야 한다고 합니다. 여러분의 기분으로 자녀를 양육할 것이 아니라 하나님의 진리의 말씀을 기준으로 양육하여야 합니다.

자녀에게 부모 자신의 가치관을 심어주는 것이 아니라, 자녀들의 올바른 가치관을 심어주는 부모가 되어야 합니다. 자녀를 자신의 대리충족자로 삼을 것이 아니라, 자녀로 하여금 자신의 삶을 책임질 수 있는 충실한 하나님의 자녀로 양육하여야 합니다.

◆ 나에게 자녀들로부터 받고자 하는 보상심리는 어떤 것들이 있습니까?

_____

_____

3. 합리적으로 자녀를 대해야 합니다.

자녀들을 야단할 때 흔히 부모들은 부모의 입장에서만 문제를 판단하게 됩니다. 아이의 입장에서 한번 더 문제를 보는 태도가 중요합니다. 모든 결과에는 원인이 있습니다. 자녀의 행동의 결과에도 반드시그 원인이 있습니다. 잘못한 일에도 이유가 있습니다. 그 이유를 들어보지 아니하고 결과만을 가지고 판단하고 나무라는 것은 곧 자녀로 노엽게 하는 것입니다. 더구나 자녀는 부모들의 분노와 한을 폭발하는대상이 아닙니다. 자녀를 인정해 주시기 바랍니다. 인정받기를 원하고있습니다. 나도 하나의 인격체라고 주장하는 주장을 받아주시기 바랍니다. 합리적인 사고가 필요합니다.

◆ 자녀를 책망하기 전에 해야할 일은 무엇입니까?

_____

_____

† 다시 말씀을 음미하면서
"또 아비들아 너희 자녀를 노엽게 하지 말고 오직 주의 교훈과 훈계로 양육하라"(엡 6:4).

† 말씀 따라 실천을
오늘 말씀을 생각하면서, 한 주간 동안 꼭 실천할 것을 기록해 봅시

다.

_____

_____

† 말씀 따라 기도를

하나님 아버지 감사합니다. 저희에게 주신 자식들을 하나님의 말씀
으로 잘 양육하도록 지혜를 주옵소서. 저희 자녀들로 말미암아 하나님
영광 받으시기를 원하오며, 예수님의 이름으로 기도 드립니다. 아멘.

† 말씀이 살아 움직이도록

하나님 앞에 온전한 예배를 드렸습니까? 예, 아니오
날마다 기도를 열심히 했습니까? 예, 아니오
매일 성경을 읽었습니까? 예, 아니오
지난 주 실천사항을 실천했습니까? 예, 아니오

† 함께 나누는 기도

구역식구들의 형편과 처지를 생각하며, 기도제목을 나누고 기도합
시다.

제20과
부모에게 순종하라

본문 / 에베소서 6:1-3 찬송 / 579, 212장

　부모님 없이 세상에 태어난 사람은 한 사람도 없습니다. 기쁠 때나 슬플 때나 아플 때에도 부르는 이름이 아버지요 어머니입니다. 우리 성도들은 육신의 부모뿐만 아니라 하나님 아버지를 늘 찾고 있지 않습니까? 아이들이 가장 많이 부르는 사람이 엄마, 아빠입니다. 집을 떠나보지 않은 사람은 부모님의 사랑을 깨닫지 못합니다. 부모님이 내게 얼마나 귀하고 필요하신 분인지 느낄 수 없습니다.

　인간은 누구나 의지할 사랑의 품이 있어야 합니다. 그것을 마음의 고향이라고 합니다. 부모님의 마음이 자식의 마음의 고향입니다. 그래서 언제나 부모님의 품을 그리워하게 되는 것입니다. 나이가 들어서도 어머니가 그리워지는 것은 바로 그런 이유이겠지요.

1. 세상에서 가장 가까운 관계가 부모입니다.

◆ 세상에서 가장 아름다운 것은 무엇일까요?

_____

_____

　하나님께서 천사에게 세상에 내려가서 세상에서 가장 아름다운 것을 구해오라고 했습니다. 그 천사는 꽃 한 송이와 방실 방실 웃는 어린이 웃음과 어머니의 사랑을 가지고 왔답니다. 그러나 하나님 앞에 오는 동안 아름다운 꽃은 시들어버렸고, 방실방실 웃던 어린이의 웃음은 세월과 함께 쪼그라들어 버렸으나, 어머니의 사랑만은 그대로 있었다고 합니다. 어머니의 사랑만이 영원한 것이라는 사실을 의미하는 재미있는 이야기 입니다.

◆ 어느 때에 부모님의 사랑이 제일 그리워집니까?

_____

_____

2. 부모님은 하나님 사랑의 본보기입니다.

우리 부모님은 자나깨나 우리들만 생각하십니다. 밖에서 일하실 때에도, 맛있는 과자가 생기기만 해도 자식을 먼저 생각합니다. 내가 먹지 못해도 자식을 먼저 주려는 마음이 부모님의 마음입니다.

◆ 나는 부모로서 부모님의 마음을 얼마나 이해하고 있습니까?

_____

_____

◆ 성경에서는 부모님을 어떤 분으로 묘사하고 있습니까?(마 7:9-10)

_____

_____

부모님 말씀을 듣지 않았을 때에도, 친구들과 싸워서 눈두덩이가 붓고 파랗게 되어 마음이 상했을 때에도, 성적이 떨어져 낙심하였을 때에도 부모님은 우리를 격려하시며 위로하시며 사랑해 주시는 분입니다. 부모님은 하나님 사랑의 본보기입니다.

어거스틴이 16세에 부모님을 떠나서 교회에 다니지도 않고, 극장이나 오락실이나 다니고, 마을에서 나쁜 친구들과 어울려 망나니처럼 되었지만, 어머니 모니카는 매일 눈물로 어거스틴을 위하여서 하나님께 기도했습니다. 아들을 위하여 눈물로 기도한 결과 어거스틴이 나이 19세가 되던 해에 회개하고 다시금 하나님께 돌아왔습니다. 그래서 오늘날 믿는 이들에게 4세기의 성자라고 불리는 유명한 하나님의 종이 될 수 있었습니다.

3. 부모님의 희생은 주님의 희생의 본보기입니다.

이스라엘 민족이 하나님을 거역하였을 때나, 다윗왕이 잘못된 일을 저질렀을 때, 호세아의 아내 고멜이 방탕하게 행동했을 때, 요나가 하나님의 심부름이 싫어서 도망했을 때에도 하나님은 다시금 불러 주시고 책망하시며 새사람이 되게 해 주신 것같이 부모님도 우리를 끝까지 사랑해 주십니다.

◆ 성경은 부모를 거역하는 자식을 어떻게 하라고 합니까?(신 21:18, 21, 신 27:16, 잠언 10:1)

_____

_____

예수님은 "주 안에서 부모를 공경하라"고 하셨습니다. 주 안에서 순종함은 믿음으로, 믿음 안에서 순종하는 것입니다. 하나님의 말씀대로 순종하는 것입니다. 주님과 함께 하는 가운데서 순종하는 것입니다. 가장 귀한 순종은 부모님을 주님께로 인도하여 함께 믿음을 나누는 것입니다. 함께 구원받고 함께 천국에 들어가는 것이 가장 큰 효도입니다. 부모님을 지옥가게 하는 것만큼 불효는 없습니다. 이것이 곧 약속 있는 첫 계명이요, 세상에서 오래 사는 축복인 것입니다.

† 다시 말씀을 음미하면서
"자녀들아 주 안에서 너희 부모에게 순종하라 이것이 옳으니라 네 아버지와 어머니를 공경하라 이것은 약속이 있는 첫 계명이니 이로써 네가 잘 되고 땅에서 장수하리라"(엡 6:1-3).

† 말씀 따라 실천을

오늘 말씀을 생각하면서, 한 주간 동안 꼭 실천할 것을 기록해 봅시다.

---

† 말씀 따라 기도를

사랑의 하나님, 부모님으로 인하여 우리를 낳아 주시고 온 식구가 사랑으로 살아가게 하시니 감사합니다. 이 세상 사는 동안 부모님을 잘 섬기게 도와주시고, 건강하게 살 수 있도록 복 주옵소서. 예수님의 이름으로 기도 드립니다. 아멘.

† 말씀이 살아 움직이도록

하나님 앞에 온전한 예배를 드렸습니까? 예, 아니오
날마다 기도를 열심히 했습니까? 예, 아니오
매일 성경을 읽었습니까? 예, 아니오
지난 주 실천사항을 실천했습니까? 예, 아니오

† 함께 나누는 기도

구역식구들의 형편과 처지를 생각하며, 기도제목을 나누고 기도합시다.

제21과
네 부모를 공경하라

본문 / 잠언 6:20-23 찬송 / 579, 570장

오늘의 사회를 가리켜 인륜이 땅에 떨어진 사회라고들 말합니다. 정말로 우리 주변에 일어나고 있는 많은 사건들이 인륜의 부재를 실감나게 합니다. 흔히들 기독교에서 돌아가신 부모님의 제사상에 절을 하지 않는다는 이유로 불효의 종교라는 오해를 사기도 합니다만, 그것은 어디까지나 죽은 사람의 실상에 대한 무지함에서 비롯된 편견에 불과합니다. 사실 기독교만큼 부모에 대하여 공경을 강조하고 있는 사상이나 종교는 없다고 봅니다.

우리 나라는 예로부터 효를 인간이 가져야 되는 중요한 덕목으로 알아 지켜 왔습니다. 한 가지 흠이라면 이것이 지나쳐서 사후의 효를 강조하다가 보니 왜곡되어 형식주의로 빠지고 말았다는 것입니다. 그리하여 살아계실 때에는 잘 돌아보지도 않다가 돌아가시면 장례식을 거창하게 하고 무덤을 호화롭게 해서 자신의 효를 과시하게 되는 것을 보게 됩니다. 효의 알맹이는 버리고 껍질만을 중시하는 잘못이 만연되었다는 것입니다.

1. 효도는 인간의 가장 기본적인 도리입니다.

부모가 나를 사랑하였기에 자식된 도리로서 부모를 공경하는 것입니다. 이것을 '부자자효(父子慈孝)'라고 말합니다. 부모가 자식에 대한 사랑을 베풀고 그래서 자연스럽게 효성이 이루어진다는 말입니다.

아주 말을 잘 듣지 않는 여자 애가 있었습니다. 일하기를 싫어하고 전혀 부모의 마음을 헤아릴 줄 모르는 그런 아이였습니다. 밥을 하는 일이나 빨래하는 일, 또는 바느질에 손 하나 까딱하지 않는 그런 소문난 불효녀였습니다.

그러니 부모의 근심이요 걱정거리였습니다. 어느 날 이 소녀가 혼자

방에 앉아 있는데, 방 벽 밑의 구멍 뚫린 곳에서 생쥐 한 마리가 기어 나왔습니다. 너무도 귀여워서 쌀을 좀 주었더니 먹으려고 하다가는 그 것을 먹지 않고서 다시 구멍으로 들어갑니다.

소녀는 왜 먹을 것을 먹지 않았을까 이상하게 생각했는데, 잠시 후에 다시 나오는데 어미 쥐를 데리고 나오는 것이었습니다. 그런데 그 어미 쥐가 눈 먼 쥐였습니다. 이 생쥐는 눈 먼 자기 엄마를 먹여 살리고 있었던 것입니다. 이것을 보고서 자신을 크게 뉘우치고 효성스러운 딸이 되었다고 하는 이야기가 있습니다.

2. 효도는 하나님의 명령입니다.

계명은 지켜지기 위해서 존재하는 것입니다. 부모를 공경하라는 계명은 하나님의 준엄한 명령입니다. 부모에게 잘하는 것이 하나님을 섬기는 공경의 일부인 것을 성경은 우리에게 가르쳐 주고 있습니다.

◆ 잠언 1:8, 6:20을 찾아서 기록하고 묵상해 봅시다.

_____
_____

◆ 만약에 하나님의 계명을 어기면 어떻게 됩니까?(잠 30:17)

_____
_____

3. 효도는 억지로라도 해야 합니다.

◆ 효도의 결과로 주어지는 것은 무엇입니까?(엡 6:3)

_____
_____

이조 숙종 때 개성 근방의 이름난 효자가 살고 있었습니다. 늙어 거동을 못하시는 어머니를 정성스럽게 모시고 있는데, 임금님이 그 고을로 지나가시게 되었습니다. 임금님이 지나가신다는 소식에 어머니가 행차를 보고 싶어하시자 어머니를 지게에 태우고서 나갔다가 임금의 눈에 띄게 되었습니다. 임금님은 그의 효성을 칭찬하시면서 송아지 한 마리와 쌀 열 가마를 하사하였습니다. 효도의 대가를 톡톡히 받은 것이지요.

그 소식을 들은 이웃 마을의 소문난 불효자가 자기도 상을 받아야 되겠다고 벼르게 됩니다. 몇 달 후에 임금님이 지나가시자 병석에 누워 계신 어머니를 억지로 지게에 지고서 임금님 눈에 띄는 곳에 자리 잡고 있었습니다. 임금이 지나가다 또 이것을 보았고 사연을 물었습니다. 그 때 원님이 저놈은 아주 못된 놈이라고 하면서 벌을 주어야 한다고 하였습니다. 그런데 임금님은 효자와 똑같이 소 한 마리 쌀 열 가마를 주라고 하였습니다. 그러면서 하는 말이 "효도는 흉내내기도 어려운 것이다"고 하였습니다.

효는 그만큼 어렵다는 말입니다. 우리의 불효를 회개하고 앞으로 하나님의 말씀을 따라 부모님 잘 섬겨서 가정의 평화를 이루며 하나님의 복을 누리는 성도들이 되어야 합니다.

† 다시 말씀을 음미하면서
"내 아들아 네 아비의 명령을 지키며 네 어미의 법을 떠나지 말고 그것을 항상 네 마음에 새기며 네 목에 매라 그것이 네가 다닐 때에 너를 인도하며 너의 잘 때에 너를 보호하며 너의 깰 때에 너로 더불어 말하리니 대저 명령은 등불이요 법은 빛이요 훈계의 책망은 곧 생명의 길이라"(잠 6:20-23).

† 말씀 따라 실천을
오늘 말씀을 생각하면서, 한 주간 동안 꼭 실천할 것을 기록해 봅시다.

_____

_____

† 말씀 따라 기도를

하나님 아버지 감사합니다. 효는 인간의 근본임을 아오며, 예수님을 본받아 효를 다하는 자녀들이 되게 하옵소서. 예수님의 이름으로 기도 드립니다. 아멘.

† 말씀이 살아 움직이도록

하나님 앞에 온전한 예배를 드렸습니까? 예, 아니오
날마다 기도를 열심히 했습니까? 예, 아니오
매일 성경을 읽었습니까? 예, 아니오
지난 주 실천사항을 실천했습니까? 예, 아니오

† 함께 나누는 기도

구역식구들의 형편과 처지를 생각하며, 기도제목을 나누고 기도합시다.

제22과
어머니와 같은 교회

본문 / 에베소서 4:11-16   찬송 / 95, 595장

하나님께서 교회를 허락하신 것은 "성도를 온전케 하기 위함"이라고 했습니다. 성도는 믿음으로 구원에 이르게 되고, 교회를 통하여 온전케 될 것입니다. 칼빈은 '교회는 모든 독실한 신자들의 어머니'라고 했습니다. 생각해 보면 과연 교회는 어머니와 같습니다. 우리들에게는 다 어머니가 계시거나 또는 계셨습니다. 아버지가 근엄하신 것에 비해 어머니는 자애로우셨습니다. 그래서 자녀들은 모든 일을 어머니에게 말씀드립니다. 어머니는 언제나 내 편이 되셔서 모든 것을 용납하고 받아주십니다. 아버지는 어려우신 분이시나 어머니는 그렇지 않습니다.

예수님도 교회를 당신의 신부라고 비유로 말씀하셨고, 사도 바울은 더 구체적으로 신랑과 신부와의 관계를 그리스도와 교회의 관계와 같다고 말씀하였습니다. 그러므로 교회는 모든 독실한 신자들의 어머니이십니다. 여러분이 교회를 생각할 때 어머니처럼 생각하고, 또 어머님을 대하는 심정으로 교회를 향해 나올 수 있기를 바랍니다.

1. 교회 없이도 신앙을 가질 수 있을까?

교회는 어머니와 같기 때문에 신자들은 교회 없이 신앙을 가질 수 없고, 또 신앙을 가진다고 하여도 그 신앙이 유지되고 돈독해질 수 없습니다.

초대 교회의 지도자였던 사이프리안은 "네가 교회를 네 어머니로 섬기지 않고는 하나님을 네 아버지로 섬길 수 없다"라고 말했습니다. 교회에 대하여 더욱더 어머니와 같은 친근감과 사랑을 가져야 합니다. 생각과 관념으로 끝나는 신앙이란 아무 소용이 없습니다. 신앙은 이론이나 철학이 아닙니다. 신앙이 고작 그뿐이라면 그것은 "주여 주여"하는 것에 지나지 않습니다.

천국은 오직 하나님의 뜻대로 행하는 자라야 들어간다고 하셨는데, 우리는 이 하나님의 뜻을 교회를 통하여 이루어 나갑니다. 우리에게 심오한 사상이나 철학이 없어도 좋습니다. 자녀가 어머니를 만날 때처럼 즐겁고 흐뭇하고 사랑스럽고 감사한 마음이 있으면 교회는 그 구실을 다하고 있는 것입니다. 그러므로 교회를 어머니처럼 사랑하고 섬겨야 합니다.

◆ 교회의 기초는 무엇입니까?(마 16:18)

_____

_____

◆ 교회는 우리에게 왜 필요합니까?(요 10:9)

_____

_____

2. 교회를 떠나서 살 수 있을까요?

어거스틴은 교회에는 지상의 교회와 천상의 교회가 있는데 지상 교회는 천상 교회의 모형이요 모조품과 같다고 했습니다. 천상 교회는 완전한 교회일 것입니다. 그런데 그 모형인 지상의 교회들은 완전을 위하여 나가는 과정인 것입니다.

◆ 하나님은 분명 교회를 지켜 주십니다. 시편 46:5을 읽고 기록하여 봅시다.

_____

_____

교회는 하나님의 성과 같이 요동치 아니하며 음부의 권세가 흔들지 못할 것입니다. 우리가 만일 이것을 믿는다면 교회를 떠날 수가 없습니다. 떠나서는 안됩니다. 교회를 등지면 어머니를 등지는 것이요 교회에 침을 뱉으면 어머니 얼굴에 침을 뱉는 것과 같다고 볼 수 있습니다. 우리는 교회라는 공동체를 평생 떠날 수 없습니다. 교회의 품을 떠나서는 사죄나 구원을 바랄 수 없습니다.

3. 왜 교회는 어머니와 같은가?

◆ 히브리서 1:5과 5:5에 공통으로 들어 있는 말씀은 무엇입니까?

_____

_____

성도는 믿음으로 난 자요 물과 성령으로 거듭난 자들입니다. 복음이 나를 낳아 주었습니다. 우리는 믿음으로 낳고, 영으로 낳아서 성도가 됐습니다. 교회가 어머니라는 것은 교회는 성도를 먹이고 양육하여 길러내는 곳이라는 뜻입니다.

말씀은 그들에게 과연 신령한 젖입니다. 하나님께서는 교회의 품안으로 자녀들을 불러모아 어린 신자들을 양육하시고 또 그들이 성숙한 신자가 되어 신앙의 목표에 다다를 때까지 모성애와 같은 사랑을 가지고 인도하여 주십니다. 이렇게 해서 성도들을 양육하고 성장케 하여 "믿는 것과 아는 일에 하나가 되어 온전한 사람이 되게 하고 그리스도의 장성한 분량이 충만한 데까지 이른다"고 하셨습니다. 그러므로 교회는 성도가 온전케 되도록 끊임없이 먹이고 키우는 곳입니다. 교회를 더욱 사랑하시며 존중히 생각하는 가운데 영적인 성장을 계속 이루어 나가시는 삶이 되기를 바랍니다.

† 다시 말씀을 음미하면서
"오직 사랑 안에서 참된 것을 하여 범사에 그에게까지 자랄지라 그는 머리니 곧 그리스도라 그에게서 온 몸이 각 마디를 통하여 도움을 받음으로 연결되고 결합되어 각 지체의 분량대로 역사하여 그 몸을 자라게 하며 사랑 안에서 스스로 세우느니라"(엡 4:15-16).

† 말씀 따라 실천을

오늘 말씀을 생각하면서, 한 주간 동안 꼭 실천할 것을 기록해 봅시다.

_____

_____

† 말씀 따라 기도를

사랑의 하나님, 오늘도 우리들이 주님의 사랑으로 영생을 얻게 하시니 감사합니다. 교회를 사랑하며, 우리에게 맡겨주신 직분을 감당하게 힘을 더하여 주옵소서. 예수님의 이름으로 기도 드립니다. 아멘.

† 말씀이 살아 움직이도록

하나님 앞에 온전한 예배를 드렸습니까? 예, 아니오
날마다 기도를 열심히 했습니까? 예, 아니오
매일 성경을 읽었습니까? 예, 아니오
지난 주 실천사항을 실천했습니까? 예, 아니오

† 함께 나누는 기도

구역식구들의 형편과 처지를 생각하며, 기도제목을 나누고 기도합시다.

6월

✝

아름다운 우리 교회

"날마다 마음을 같이하여 성전에 모이기를 힘쓰고
집에서 떡을 떼며 기쁨과
순전한 마음으로 음식을 먹고 하나님을 찬미하며
또 온 백성에게 칭송을 받으니 주께서 구원 받는 사람을
날마다 더하게 하시니라"

(행 2:46-47)

제23과
성령이 역사하는 교회

본문 / 사도행전 2:1-4 찬송 / 190, 197장

무디 선생이 설교를 하다가 교인들에게 "유리병의 공기를 어떻게 하면 밖으로 뽑아낼 수 있을까요?"라는 질문을 했습니다. 한 성도가 펌프로 뽑아 내면 되지 않느냐고 답했습니다. 무디 선생은 그렇게 하면 병이 깨어지기 쉬우니, 병 속에 물을 가득히 부으면 자연히 공기는 다 밖으로 나오게 된다고 하였습니다. 이와 같이 우리 성도들도 우리의 죄를 다 몰아 내려고 애쓸 것 없이 성령의 충만을 받으면 자연히 죄도 이기고 신앙생활을 잘 할 수 있다고 하였습니다.

"이는 힘으로 되지 아니하며 능력으로 되지 아니하고 오직 나의 영으로 되느니라"(슥 4:6)고 말씀하신 것처럼, 교회가 가장 필요로 하는 것은 성령 충만이요, 하나님의 은혜입니다. 그렇기 때문에 예수님이 33년의 지상 생애를 마치고 마지막 승천하시기 전에 제자들에게 분부하신 말씀은 성령의 충만함을 받으라고 하신 것입니다.

1. 성령은 환상과 꿈을 주십니다.

하나님의 성령은 우리에게 오셔서 우리 가슴 속에 강력한 환상과 꿈을 주십니다. 성령이 오시면 젊은이에게는 환상을, 늙은이에는 꿈을 준다고 성경은 말씀하고 있습니다. 또한 성경은 꿈이 없는 백성은 망한다고 말씀합니다. 꿈을 갖는 것은 매우 중요한 일입니다.

◆ 사도행전 2:17을 기록해 봅시다.

_____

_____

그렇기 때문에 하나님께서는 우리로 하여금 위대한 내일을 창조하

게 하기 위해서 언제나 오늘 우리의 마음속에 성령으로 꿈을 잉태하게 하십니다. 아브라함에게는 그의 나이 75세 때 팔레스타인에 가서 위대한 유대 나라를 세울 수 있는 꿈을 심어 주셨습니다. 그는 이 꿈을 받고 담대히 팔레스타인에 가서 오늘날의 이스라엘을 세운 것입니다.

성경은 "네 입을 넓게 열라 내가 채우리라"고 말씀합니다. 입을 넓게 열고 하나님께 기도하면 오늘날도 하나님의 성령께서는 여러분의 마음 속에 꿈과 환상을 심어 주는 것입니다. 이 꿈과 환상을 마음 속에 받아들인 후 눈에는 아무 증거 안보이고 귀에는 아무 소리 안 들리고 손에는 잡히는 것이 없을지라도 믿음으로 나가면, 그 꿈은 여러분을 내일의 위대한 성취자로 만들어줄 것입니다.

2. 성령은 권능을 주십니다.

하나님의 성령은 권능을 허락하여 주십니다. 우리 스스로 진리를 깨달을 수는 없으나 성령이 임하시면 이해력이 밝아져서 하나님과 그리스도에 대한 진리, 말씀의 진리를 깨달을 수 있게 되는 것입니다.

◆ 다음 성경에서 성령의 하시는 일을 말해봅시다(요 14:26, 고전 12:6).

_____

_____

그리고 성령은 우리에게 여러 가지 은사를 주십니다. 지혜의 말씀의 은사, 지식의 말씀의 은사, 영 분별의 은사, 방언의 은사, 방언 통역의 은사, 믿음의 은사, 기적의 은사, 병 고치는 은사들을 주셔서 우리가 상상할 수 없는 하나님의 능력으로 하나님의 말씀을 증거하는 신앙생활을 하도록 만들어 주는 것입니다.

3. 성령은 인격적인 성장을 이루게 하십니다.

◆ 갈라디아서 5:22에 나오는 성령의 9가지 열매를 기록하고 암송합시다.

_____

_____

◆ 신앙의 열매는 그 흔적이 무엇입니까?(빌 1:11)

_____

_____

인간의 힘으로는 아무리 애써도 거룩함에 이르지 못합니다. 성령의 단비가 임하셔야 죄악의 누더기가 다 벗겨지고 새롭게 될 수가 있는 것입니다. 사랑과 희락과 화평, 오래 참음과 자비와 양선과 충성, 온유, 절제의 성령의 열매가 충만한 사람으로 변화될 수 있는 것입니다.

† 다시 말씀을 음미하면서

"오순절 날이 이미 이르매 그들이 다같이 한 곳에 모였더니 홀연히 하늘로부터 급하고 강한 바람 같은 소리가 있어 그들이 앉은 온 집에 가득하며 마치 불의 혀처럼 갈라지는 것들이 그들에게 보여 각 사람 위에 하나씩 임하여 있더니 그들이 다 성령의 충만함을 받고 성령이 말하게 하심을 따라 다른 언어들로 말하기를 시작하니라"(행 2:1-4).

† 말씀 따라 실천을

오늘 말씀을 생각하면서, 한 주간 동안 꼭 실천할 것을 기록해 봅시다.

_____

_____

† 말씀 따라 기도를

하나님 아버지. 교회가 성령으로 충만해질 때 성도들은 죄를 이기고, 세상의 마귀의 권세를 이기고 승리의 생활을 하면서 교회는 부흥이 되는 줄 믿습니다. 저희들이 성령 안에서 거듭날 뿐만 아니라 성령으로 충만하게 하옵소서. 예수님의 이름으로 기도 드립니다. 아멘.

† 말씀이 살아 움직이도록

하나님 앞에 온전한 예배를 드렸습니까? 예, 아니오
날마다 기도를 열심히 했습니까? 예, 아니오
매일 성경을 읽었습니까? 예, 아니오
지난 주 실천사항을 실천했습니까? 예, 아니오

† 함께 나누는 기도

구역식구들의 형편과 처지를 생각하며, 기도제목을 나누고 기도합시다.

제24과
은혜가 넘치는 교회

본문 / 고린도후서 9:8 찬송 / 545, 210장

교회라는 말은 원래 '~로부터 부름받다'는 의미를 가지고 있습니다. 즉, 세상으로부터 부름받은 성도를 말하며, 하나님으로부터 부르심을 입은 자들의 모임을 말합니다. 또한 소명의식과 사명의식을 가진 자들의 집단을 교회라 할 수 있습니다.

따라서 교회는 거룩하게 택함 받은 성도들의 영적 공동체입니다. 공동체란 '함께 하나가 된다'는 의미가 있습니다. 개인의 신앙은 반드시 공동체 속에서 확인되어야 합니다. 개인적으로는 매우 신앙이 좋은 것 같지만, 함께 생활할 때에 본래의 성격이 나타나게 됩니다. 공동체는 개인의 성격과 신앙을 확인해 주는 역할을 합니다.

1. 즐겁게 예배를 드려야 합니다.

거룩한 기대감을 상실한 예배는 예배가 아닙니다. 예배에 참여하는 모든 성도는 예배에 대한 거룩한 기대감을 가지고 기도해야 합니다. 주님의 부르심에 감격하여 예배드리는 영혼은 아름답습니다. 우리가 주님 앞에 나아올 때 가슴 깊이 설레임과 감격이 있어야 합니다. 영광의 찬송을 부를 수 있어야 합니다. 오늘은 목사님이 무슨 말씀을 어떻게 하나 들어보려고 오는 것이 아닙니다. 설교도 예배의 한 요소입니다. 말씀을 들을 때에 성도들은 하나님 앞에서 말씀을 받는 것입니다.

◆ 하나님께 예배하는 자는 어떻게 해야 합니까?(요 4:24)

_____

_____

하나님께 예배할 때에 은혜가 없으면 우리는 결코 행복한 교회생활

을 할 수 없습니다. 뿐만 아니라 하나님의 백성으로서 교회에 대한 비전이 없고, 하나님의 말씀에 대한 확신과 증거가 없으면 행복한 생활을 할 수 없습니다.

2. 목회의 본질을 공감해야 합니다.

성경에서 교회에 대하여 제일 잘 설명해 주는 곳은 에베소서입니다. 에베소서 4:11에, "그가 어떤 사람은 사도로, 어떤 사람은 선지자로, 어떤 사람은 복음 전하는 자로, 어떤 사람은 목사와 교사로 삼으셨으니"라고 합니다.

자기가 속한 교회에서 목회자와의 관계가 원만하지 못하면 교회 생활이 행복할 수 없습니다. 행복한 교회 생활을 하기 위해서는 목회자의 목회방향에 대한 이해와 지식이 필요합니다.

◆ 목회자를 세우신 목적이 무엇입니까?(엡 4:12)

_____

_____

목회의 본질은 말씀으로 성도를 온전케 하여 하나님의 몸된 교회를 위하여 봉사하게 하는 일입니다. 여러분의 마음에 좀 들지 않는다고 해도 목회의 본질을 이해해야 교회가 평안합니다. 이것이 성도의 가장 큰 덕목입니다.

그러므로 우리 성도들은 교회의 하나됨을 지키기 위해 더욱 힘써야 합니다. 비록 개인의 신앙으로 옳다고 판단되어도, 때로는 분리하는 것이 현명하다고 판단될 때에라도 교회의 하나됨을 지키는 것이 도리입니다. 행복한 교회생활은 교회에 대한 바른 인식과 목회자와 목회의 본질에 대하여 바로 아는 것입니다.

3. 교회의 기능을 이해하고 협력해야 합니다.

교회는 가족적 기능을 합니다. 가족과 같이 사랑으로 협력하는 것이 교회의 생활입니다. 가족관계는 임의로 끊을 수 없는 관계입니다. 교회의 관계도 마찬가지입니다. 하나님과 나와의 관계는 끊을 수 없는 관계입니다.

◆ 은혜 받은 사람의 자세는 어떻게 변합니까?(로마서 6:12-13)

_____

_____

교회생활을 통하여 은혜를 받으면 교인들간의 관계는 피를 나눈 형제보다도 더 끈끈합니다. 우리 교회는 은혜가 넘치는 교회가 되도록 날마다 기도하는 성도들이 되어야 합니다. 어려움을 당하는 성도들을 위하여 기도하며, 영육간에 약한 자들을 위하여 기도하는 성도들이 될 때에 은혜가 넘치게 됩니다.

그리고 교회는 생산적인 기능을 합니다. 일반 기업과 같이 하나님의 교회도 투입과 생산이 있습니다. 어떤 사람이 직장에서 자기의 위치를 지키지 못하고 주어진 일을 감당치 못하면 해고하는 것이 마땅할 것입니다. 교회에서도 직분자들이 그 직분을 감당치 못하면 스스로 회개하고 새로운 힘을 얻어서 다시 충성해야 할 것입니다.

† 다시 말씀을 음미하면서
"하나님이 능히 모든 은혜를 너희에게 넘치게 하시나니 이는 너희로 모든 일에 항상 모든 것이 넉넉하여 모든 착한 일을 넘치게 하게 하려 하심이라"(고후 9:8).

† 말씀 따라 실천을
오늘 말씀을 생각하면서, 한 주간 동안 꼭 실천할 것을 기록해 봅시

다.

_____

_____

† 말씀 따라 기도를

하나님의 교회는 하나님의 백성들이 함께 예배하며, 교제하는 곳입
니다. 행복한 교회생활을 위하여 교회의 본질을 인식하며, 목회자와
목회의 본질을 이해할 수 있도록 지혜를 주옵소서. 협력하여 아름다
운 주님의 교회를 이루게 도와주옵소서. 예수님의 이름으로 기도 드
립니다. 아멘.

† 말씀이 살아 움직이도록

하나님 앞에 온전한 예배를 드렸습니까? 예, 아니오
날마다 기도를 열심히 했습니까? 예, 아니오
매일 성경을 읽었습니까? 예, 아니오
지난 주 실천사항을 실천했습니까? 예, 아니오

† 함께 나누는 기도

구역식구들의 형편과 처지를 생각하며, 기도제목을 나누고 기도합
시다.

제25과
아름다운 교회를 위하여

본문 / 에베소서 5:22-25 찬송 / 604, 218장

하나님께서는 세 가지 기관을 세우셨는데, 그것은 곧 가정과 교회와 국가입니다. 그런데 가정을 위하여 세우신 것은 교회입니다. 교회는 가정생활이 행복하도록 훈련시키는 가장 좋은 기관입니다. 하나님은 교회를 통하여 하나님의 사랑을 전하고 계시는 것입니다.

그리스도인들에게 있어서 교회생활은 매우 중요한 것입니다. 교회가 가정에 미치는 영향은 너무나 중요한 것임에도 불구하고 우리는 교회생활을 형식적으로 하기 쉽습니다.

교회는 기쁨을 얻으며, 모든 사람들이 주님 안에서 교우가 되는 곳입니다. 교회에서는 너 나 할 것 없이 관계를 맺습니다. 남여노소 빈부귀천이 없이 모두 형제와 자매요 서로 친구가 되는 곳입니다. 교회보다 더 인간적인 곳은 없습니다.

1. 자기의 위치에서 충성을 다해야 합니다.

교회는 주님의 몸이라고 했습니다. 몸의 각 부분이 연합하여 온전한 몸을 이루듯이 교회의 각 기관이 온전해야 교회가 온전하게 됩니다.

◆ 성경에서는 무엇이 하나라고 했습니까?(엡 4:4-5)

_____

_____

여러분 하나 하나가 각 기관을 지탱하는 요소가 됩니다. 집으로 볼 때 우리 한 사람 한 사람은 매우 소중합니다. 어떤 이는 지붕의 서까래가 됩니다. 어떤 이는 기둥도 됩니다. 어떤 이는 문짝도 됩니다. 이렇듯 우리 모든 사람은 주님의 몸된 교회를 세우는 데 각각 주어진 바

책임이 있습니다. 우리에게 주어진 영역에서 주어진 일들에 충성을 다해야 할 것입니다.

2. 서로가 서로의 허물을 덮어 주어야 합니다.

완전한 교회는 없습니다. 편안히 신앙생활할 교회도 없습니다. 아이언사이드 박사는 "만일 당신이 완전한 교회를 찾는다면 등록하지 말라. 당신은 그 교회를 망칠 것이다" 라고 말했습니다. 여러분의 교회의 잘못된 점을 찾아내어야 합니다. 그리고 잘못된 점을 생각 없이 비판이나 험담할 것이 아니라 완전한 교회가 되도록 기도하며 최선을 다해야 할 것입니다.

◆ 성경은 비판에 대하여 어떻게 충고하고 있습니까?(마 7:1)
_____
_____

허물을 들추어내는 것은 가정이 아닙니다. 가정의 추함을 드러내어 스스로 창피함을 당하려는 사람은 아무도 없을 것입니다. 교회도 아름다운 교회가 되기 위해서는 서로가 서로의 허물을 덮어 주어야 합니다. 교회의 잘못된 것이 여러분의 책임이 아니라면 조용히 하나님께 맡기시기 바랍니다. 하나님의 교회는 하나님이 지켜 주시는 것입니다. 가정 같은 교회라면 교회의 잘못된 점을 드러내려 하지 않을 것입니다. 교회와 같은 가정이라면 결코 하나님이 버리지 아니하실 것입니다.

3. 서로 사랑하고 봉사해야 합니다.

부부간에도 가끔 싸움을 합니다. 그러나 싸움을 좋아하는 것은 아닙니다. 서로 잘 살아 보자고 하는 것입니다. 인정받기 위해서 다투기도 합니다. 그러면서도 서로 봉사하기를 원합니다.

◆ 빌립보서 2:1-5을 읽고, 그리스도인의 생활자세를 정리해 봅시다.

① 자신에 대하여

_____

_____

② 타인에 대하여

_____

_____

교회는 하나님과 사람들에게 봉사하는 곳입니다. 하나님께 사용되기를 원하는 그리스도인들은 자기가 원하는 곳에서 얼마든지 봉사할 수 있습니다. 가정 같은 교회는 부부가 서로 사랑하는 것과 같이 서로 봉사하는 교회입니다. 받기 위해서 주는 것도 아닙니다. 강요당하는 것도 아닙니다. 순수한 마음으로 아낌없이 주는 것입니다.

부부가 아름다운 것은 모든 것을 조건 없이 주기 때문입니다. 가정이 소중한 것은 서로가 필요를 나누기 때문인 것입니다. 아무런 조건 없이 줄 수 있기 때문에 아름다운 것입니다. 우리 교회도 사랑을 조건 없이 나눌 수 있는 아름다운 교회가 되기를 원합니다.

† 다시 말씀을 음미하면서

"아내들이여 자기 남편에게 복종하기를 주께 하듯 하라 이는 남편이 아내의 머리 됨이 그리스도께서 교회의 머리 됨과 같음이니 그가 바로 몸의 구주시니라 그러므로 교회가 그리스도에게 하듯 아내들도 범사에 자기 남편에게 복종할지니라 남편들아 아내 사랑하기를 그리스도께서 교회를 사랑하시고 그 교회를 위하여 자신을 주심 같이 하라"(엡 5:22-25).

† 말씀 따라 실천을

오늘 말씀을 생각하면서, 한 주간 동안 꼭 실천할 것을 기록해 봅시

다.

_____

_____

† 말씀 따라 기도를

하나님 아버지, 교회가 편안해야 가정이 편합니다. 교회가 든든히 서야 가정이 바로 섭니다. 교회가 잘 살아야 가정이 잘 살게 됩니다. 하나님 아버지 우리의 삶이 교회 중심이 되게 하여 주옵소서. 예수님의 이름으로 기도 드립니다. 아멘.

† 말씀이 살아 움직이도록

하나님 앞에 온전한 예배를 드렸습니까? 예, 아니오
날마다 기도를 열심히 했습니까? 예, 아니오
매일 성경을 읽었습니까? 예, 아니오
지난 주 실천사항을 실천했습니까? 예, 아니오

† 함께 나누는 기도

구역식구들의 형편과 처지를 생각하며, 기도제목을 나누고 기도합시다.

제26과
이런 교회가 되게 하소서

본문 / 마태복음 5:13-16 찬송 / 498 , 510장

이제는 한국 사람에게 기독교는 잘 알려져 있습니다. 모르긴 해도 한국사람치고 아직도 기독교를 모르는 사람이 없고, 예수 그리스도에 대해서 한번도 듣지 못한 사람도 없을 것이고, 교회가 무엇을 하는 곳인지에 대해 모르는 사람도 없을 것입니다.

오늘 성경 말씀을 보면, 우리 교회와 그리스도인들은 세상의 소금이며 세상의 빛이라고 말씀하십니다. 소금은 맛을 내고 빛은 주위를 밝게 비추는 역할을 합니다. 소금이 맛을 낸다고 하는 것, 빛이 어둠을 밝힌다고 하는 것은 그 존재 가치가 분명히 있는 것을 의미합니다.

우리가 음식점을 다녀 보면 음식점의 존재 의의는 철저하게 맛에 있는 것을 봅니다. 음식이 맛이 있으면 그곳이 먼 것도 불구하고, 건물이 낡아서 불편한 것도 불사하고, 심지어 주차장이 없어도 그 음식점에 몰려갑니다. 이처럼 교회도 맛을 내면 교회에 오지 말래도 올 것입니다.

1. 분위기가 좋은 교회

초대 교회를 가만히 보면 열심히 전도한 것보다 초대 교회 공동체가 워낙 매력적이니까 사람이 찾아 들어와서 불어난 형태입니다.

◆ 교회는 어떻게 부흥된다고 말합니까?(행 2:47)

_____

_____

사도행전에 나타난 초대 교회의 생활을 보면 눈길을 끄는 세 가지를 발견할 수 있습니다. 그것은 모든 사람들이 한마음이었다는 것, 서로서로가 자발적으로 도왔다는 것, 분위기가 항상 기쁘고 순수했다는

것입니다.

이 정도로 분위기가 좋으니까 사람들이 제발로 걸어 들어왔다는 것입니다. 온 백성에게 칭송을 받으니 주께서 구원받는 사람을 날마다 더하게 했다는 말입니다. 그러니까 참다운 전도의 비결은 가고 싶은 맛이 있는 교회가 되는 것에 있습니다. 매력 있는 교회, 사람들이 찾아오고 싶은 교회, 찾아와서 기쁜 교회, 예수 믿는 맛이 좋은 교회가 되는 것이 억지로 생떼를 쓰며 전도하는 일보다 훨씬 중요하다는 것입니다.

2. 맛을 내는 교회

◆ 교회의 맛은 무엇일까요?

_____

_____

◆ 성도들이 내야 할 맛은 무엇일까요?

_____

_____

등불을 켜서 말 아래 두지 않고 등경 위에 두어서 온 누리를 비추게 해야 할 터인데 등불을 켜서 말 아래 두면 그 빛을 비출 수 없게 됩니다. 소금의 역할은 간을 맞추어 맛을 내는 것입니다. 어떤 음식이든지 간이 맞지 않으면 맛이 없습니다. 그런데 소금이 맛을 잃으면 어떻게 되겠습니까? 성도들은 하나님의 자녀로서 살 맛을 잃어가는 세상에 맛을 내는 역할을 다하여야 합니다.

3. 빛을 내는 교회

유명한 연예인들을 가리켜 소위 '스타'라고 합니다. 다시 말하면 별같이 빛나는 사람을 의미합니다. 나라를 빛낸 사람, 역사를 빛낸 사람, 그리고 어떤 행사나 어떤 일에 빛낸 사람은 멋있는 사람입니다.

오늘 말씀은 너희 착한 행실을 나타내어서 사람들이 우리를 보고도 자연스럽게 하나님을 찾도록 하라는 것입니다. 빛은 우리가 받은 바 재능과 은사를 발휘하여 하나님의 영광을 드러내는 일입니다. 우리에게 주신 사명을 다함으로 멋있는 삶, 멋있는 교회를 만들어야 합니다.

우리들은 빛이 되어 세상을 비추며, 소금으로 맛을 내는 그런 교회를 만들어야 하겠습니다. 초대 교회처럼 서로 마음이 하나가 되는 교회, 서로 서로가 자발적으로 도우려고 하는 교회, 그리고 기쁨과 순전한 분위기가 있는 교회를 만들어야 하겠습니다.

◆ 사람들이 오고 싶어하는 교회는 어떤 교회입니까? 우리 교회는 사람들이 좋아하는 교회입니까?

_____

_____

† 다시 말씀을 음미하면서

"너희는 세상의 소금이니 소금이 만일 그 맛을 잃으면 무엇으로 짜게 하리요 후에는 아무 쓸데 없어 다만 밖에 버리워 사람에게 밟힐 뿐이니라. 너희는 세상의 빛이라 산 위에 있는 동네가 숨기우지 못할 것이요, 사람이 등불을 켜서 말 아래 두지 아니하고 등경 위에 두나니 이러므로 집 안 모든 사람에게 비취느니라. 이같이 너희 빛을 사람 앞에 비취게 하여 저희로 너희 착한 행실을 보고 하늘에 계신 너희 아버지께 영광을 돌리게 하라"(마 5:13-16).

† 말씀 따라 실천을

오늘 말씀을 생각하면서, 한 주간 동안 꼭 실천할 것을 기록해 봅시다.

_____

_____

† 말씀 따라 기도를

하나님 아버지, 우리들이 빛이 되어 세상을 비추이며, 소금으로 맛을 내는 그런 교회를 만들게 하옵소서. 사람들이 오고 싶은 교회, 서로 마음이 하나되어, 서로 도우며, 기쁨과 사랑이 넘치는 교회 되게 하여 주옵소서. 예수님의 이름으로 기도 드립니다. 아멘.

† 말씀이 살아 움직이도록

하나님 앞에 온전한 예배를 드렸습니까? 예, 아니오
날마다 기도를 열심히 했습니까? 예, 아니오
매일 성경을 읽었습니까? 예, 아니오
지난 주 실천사항을 실천했습니까? 예, 아니오

† 함께 나누는 기도

구역식구들의 형편과 처지를 생각하며, 기도제목을 나누고 기도합시다.

7월

†

아름다운 삶

"이같이 너희 빛이 사람 앞에 비취게 하여
그들로 너희 착한 행실을 보고
하늘에 계신 너희 아버지께 영광을 돌리게 하라"
(마 5:16)

제27과
함께 사는 아름다움

본문 / 에베소서 4:32 찬송 / 294, 212장

우리가 수많은 죄를 지었음에도 불구하고 우리 주 예수 그리스도께서 우리를 용서해 주셨기 때문에 우리는 용서에 빚진 사람들입니다. 따라서 우리는 우리에게 죄 지은 자를 용서해 주어야 합니다. 우리가 용서하는 삶을 살 때 우리 마음의 상처가 치료받는 것입니다.

상대방으로부터 받는 많은 괴로움과 고통을 그대로 안고 있으면 그것이 상처가 되어서 끊임없이 미움의 샘물이 솟아오르고, 마음이 병들어 갑니다. 그러나 하나님 앞에서 과감히 용서하고 십자가를 끌어안을 때 그 마음에 입은 상처가 치료를 받고 비로소 하나님의 능력으로 용서하고 사랑할 수 있는 힘이 생겨나는 것입니다.

십자가를 통하여 우리는 용서할 수 있는 힘을 달라고 기도해야 합니다. 용서만이 유일하게 연합해서 동거할 수 있는 힘을 허락해 주는 것입니다.

1. 깊은 이해가 있어야 합니다.

이해와 동정의 마음이 없이는 절대로 연합하고 동거하는 힘이 생겨나지 않고, 모든 것들을 자기 입장에서 생각하려 합니다. "내 생각대로, 내 계획대로, 내가 하는 대로 따라오너라." 이렇게 명령하는 것이 인간의 본능이기 때문입니다.

상대방의 이야기에 귀 기울여 줄 수 있는 인내심이 마음 속에 있어야 하는데, 그러한 자세는 쉽게 만들어지지 않습니다. 사람의 근본 성품은 자기 입장에서 자기 중심으로 생각하려 하기 때문입니다. 자기를 죽이고 상대방의 이야기를 들어주고 상대방의 생각을 최대한 수렴할 수 있는 방법은 예수 그리스도의 십자가에 의지하는 수 밖에 없습니다. 그래서 주님의 능력이 우리 마음 속에 오면 내 뜻대로만 살려고

하지 않고 이웃의 뜻도 충분히 들어주고 그것을 이해하고 수용하게 되는 것입니다.

◆ 다른 사람을 용서함에 있어서 내게 부족한 면은 무엇입니까?

_____

_____

2. 겸손해야 합니다.

사람이 타인에 의하여 이용당했다고 생각할 때 연합은 깨어지고 마는 것입니다. 항상 공동의 이익을 추구하기 위해서는 내 이익만을 추구하지 말고 이웃의 이익도 추구해야 합니다.

유대인들은 사업을 할 때 "너도 살고 나도 살자"라는 식으로 사업을 합니다. 중국 사람들은 "너는 죽어도 나는 살자"라는 생각으로 경영을 합니다. 그런데 한국 사람들은 사업을 하면 "너죽고 나죽자"라는 식으로 사업을 한다고 합니다. 그래서 무엇하나 잘된다 하면 모두가 다 달려들어서 점포를 내고 가격을 낮추고 서로 경쟁을 합니다. 그러다보니 은행에 빚을 잔뜩 지게 되고 함께 망해버리고 맙니다.

◆ 우리가 진실로 버려야 할 것은 무엇이라고 생각합니까?(벧전 2:1)

_____

_____

우리 형제가 함께 화합하고 동거하기 위해서 겉과 속이 달라서는 안됩니다. 언어와 행동에 진실성이 있어야 합니다. 겉으로는 아부하고 안으로는 칼을 품고 지내는 일을 하지 말아야 합니다. 진실하게 서로를 대하고 진실한 말을 하고 서로 속이지 않으며 이용하려고 하지 말고 겸손하게 함께 손을 잡고 사는 참됨이 있어야만 되는 것입니다.

3. 적극적으로 사랑을 해야 합니다.

사랑은 수동적이 아니라 능동적인 것입니다. 적극적으로 나가서 남을 위해 주는 것이 사랑입니다. 사랑은 고통 당해도 오래 참습니다. 그리고 상대의 유익을 위해서 적극적으로 나가서 섬기는 것입니다. 협박과 공갈은 일시적으로 상대를 억누를 수는 있지만 근본적인 변화를 주지는 못합니다. 그러나 사랑만이 사람의 마음을 변화시키고 무릎을 꿇게 합니다.

◆ 다같이 고린도전서 13장의 '사랑'의 노래를 불러 봅시다.

_____

_____

예수님은 우리를 사랑하셔서 우리 대신 십자가에 몸을 찢고 피를 흘렸으며 희생하셨습니다. 그 사랑이 이 세상의 죄악을 물리치고 연합하여 동거할 수 있게 우리를 만들어 주는 것입니다. 이처럼 오래 참는 사랑은 예수 그리스도의 십자가를 통해서 성령이 우리 마음 속에 부어지지 않고는 만들어지지 않습니다. 이것은 예수 그리스도를 믿고 사랑을 할 수 있는 그런 개인이나 집단, 백성 이외에는 실천하기가 너무 힘이 듭니다. 그러나 이런 사랑이 최후에는 위대한 승리를 가져오게 되는 것입니다.

† 다시 말씀을 음미하면서
"서로 인자하게 하며 불쌍히 여기며 서로 용서하기를 하나님이 그리스도 안에서 너희를 용서하심과 같이 하라"(엡 4:32).

† 말씀 따라 실천을
오늘 말씀을 생각하면서, 한 주간 동안 꼭 실천할 것을 기록해 봅시다.

_____

† 말씀 따라 기도를

하나님 아버지. 우리가 세상을 살아가는 동안 진실한 마음을 허락하여 주시고, 진실한 마음으로 이웃을 사랑하게 도와주옵소서. 예수님의 이름으로 기도 드립니다. 아멘.

† 말씀이 살아 움직이도록

하나님 앞에 온전한 예배를 드렸습니까? 예, 아니오
날마다 기도를 열심히 했습니까? 예, 아니오
매일 성경을 읽었습니까? 예, 아니오
지난 주 실천사항을 실천했습니까? 예, 아니오

† 함께 나누는 기도

구역식구들의 형편과 처지를 생각하며, 기도제목을 나누고 기도합시다.

제28과
나를 돌아보는 삶

본문 / 여호수아 7:6-13 찬송 / 420, 342장

이스라엘 백성이 애굽에서 나와 홍해를 건너고 광야를 지나 요단강을 건너 드디어 가나안 땅에 들어서게 됩니다. 그들은 한시바삐 요단강을 건너 약속의 땅 가나안에 들어가고 싶었습니다. 그러나 아무리 느리게 가도 14-5일이면 갈 수 있는 길을 무려 40년 동안이나 걸렸습니다.

왜 그랬을까요? 그것은 이스라엘 백성들이 지정학적으로는 애굽에서 나온 것이 분명하지만 정신적으로나 의식, 종교, 풍속 등의 생활 규범에서는 아직 나오지 못했기 때문입니다. 여전히 애굽의 풍속에 매여 있고 노예 근성에서 벗어나지 못하고 우상을 섬기고 있었기 때문입니다.

하나님께서는 그 때문 애굽 생활을 완전히 씻어버리고 새사람, 새 마음, 새 믿음으로 새 땅에 들어서게 하시려고 40년간을 헤매게 한 것입니다.

1. 하나님은 경건한 근심을 원하십니다.

◆ 고린도후서 7:10을 읽고 기록해 봅시다.

_____

_____

◆ 마음의 근심은 심령을 상하게 합니다. 성경에서는 근심이 다가올 때 어떻게 하라고 가르쳐 주십니까?(잠 15:13, 벧전 1:6, 고후 6:10)

_____

_____

우리는 하나님의 일을 위하여 근심하여야 합니다. 세상의 일을 위하여 근심하는 것은 우리를 낙망하게 하고 상하게 합니다. 이제 이러한 세상 근심 걱정은 모두 벗어버리고 하나님의 뜻대로 살아가기 위해서 하나님의 뜻대로 근심하는 성도들이 됩시다. 그렇게 될 때에 우리는 하나님의 뜻을 발견하게 될 것입니다.

2. 실패하게 하는 원인을 찾아야 합니다.

우리가 실패할 때, 도대체 실패하게 된 원인이 어디에 있습니까? 정신문제입니까? 사회문제입니까? 경제문제입니까? 아니면 문화적인 문제요, 교육적인 문제입니까? 그러나 마지막에 가서는 도덕적 문제요, 종교적 문제요, 하나님과 나와의 관계에서 오는 문제임을 생각하게 됩니다.

하나님께서는 바로 그 시점까지 도달하기를 원하십니다. 인간이 바라는 것, 인간에게 의지하려는 것을 다 끊어버리고, 인간의 지혜와 능력을 다 부정한 상태에서 깨끗한 마음으로 하나님과 올바른 관계를 맺을 때 그 원인을 찾게 되는 것입니다.

본문에 보면 여호수아는 원인을 받아들이려는 의도가 없는 것 같습니다. 원인이 어디에 있었는가를 살필 생각은 하지 않고 하나님만을 원망하고 있습니다. "하나님, 왜 실패하게 하셨습니까? 이제 어떻게 하시렵니까?" 이렇게 대들고만 있는 것입니다. 너무나 어리석은 일입니다.

◆ 원망하는 여호수아에게 하나님은 무엇이라고 말씀하시는지 본문에서 찾아봅시다.(수 7:10-13)

_____

_____

◆ 원인이 하나님께 있습니까? 아이성이 강하기 때문입니까? 정치적인 이유입니까? 아닙니다. 원인은 바로 나 자신에게 있습니다. 그러면 그 원인이 어디에 있습니까?

_____

_____

우리는 실패를 당할 때에 우리의 문제가 어디에 있는지 살펴보고 깨달아, 하나님과의 관계를 확고히 하는 자세가 요구됩니다. 하나님의 말씀으로 새롭게 되고, 다시 무장할 수 있는 신앙인의 자세가 확립되어야 하겠습니다.

3. 내일을 기다리라고 말씀하십니다.

◆ 본문 13절에서, 하나님께서 여호수아에게 명하시는 것은 무엇입니까?

_____

_____

여호수아는 어제의 실패 때문에 내일의 소망을 잃어버리고 있습니다. 내일이 없다고 절망하고 있습니다. 그러나 하나님께서는 내일을 기다리라고 말씀하고 있습니다. "내일은 내 손에 있다. 내가 내일을 줄터이니 기다리라"고 하시는 것입니다. 승리의 요인은 하나님이 함께 하시는 데에 있습니다. 반대로 실패의 원인은 하나님을 떠났기 때문입니다. 우리는 먼저 하나님과의 관계를 바르게 해야 합니다.

† 다시 말씀을 음미하면서
"너는 일어나서 백성을 거룩하게 하여 이르기를 너희는 내일을 위하여 스스로 거룩하게 하라 이스라엘의 하나님 여호와의 말씀에 이스라엘아 너의 가운데에 온전히 바친 물건이 있나니 너희가 그 온전히 바친 물건을 너의 가운데에서 제하기까지는 네 원수들 앞에 능히 맞서지 못하리라"(수 7:13).

† 말씀 따라 실천을

오늘 말씀을 생각하면서, 한 주간 동안 꼭 실천할 것을 기록해 봅시다.

_____

_____

† 말씀 따라 기도를

우리가 실패를 당할 때에도 늘 함께 계시는 하나님, 우리로 세상에서 낙심하지 않게 하시고, 실패할 때에도 새 힘과 용기를 더하여 주옵소서. 용감하게 자리에서 일어나 하나님을 바라고 나아가게 도와주옵소서. 예수님의 이름으로 기도 드립니다. 아멘.

† 말씀이 살아 움직이도록

하나님 앞에 온전한 예배를 드렸습니까? 예, 아니오
날마다 기도를 열심히 했습니까? 예, 아니오
매일 성경을 읽었습니까? 예, 아니오
지난 주 실천사항을 실천했습니까? 예, 아니오

† 함께 나누는 기도

구역식구들의 형편과 처지를 생각하며, 기도제목을 나누고 기도합시다.

제29과
큰 사랑으로 용서

본문 / 누가복음 6:27-38 찬송 / 424, 500장

　3.1운동 당시에 수많은 동포들이 체포되고 구금되어 옥살이를 하였으며, 처참하게 죽임을 당했습니다. 3.1운동 총 궐기자는 약 200만 명이 된다고 합니다. 그 중에 투옥자가 47,000명, 부상자 16,000명, 살해당한 자가 7,000명이나 된다고 합니다.

　우리가 잘 알고 있는 유관순은 16세의 어린 나이로 감옥에서 죽었는데, 그 시체를 여섯 토막으로 잘랐다고 하니, 이 얼마나 천인 공로할 일이 아니겠습니까?

　제암리에서는 제암리교회에 사람들을 몰아 넣고 교회 문을 밖에서 못질하고 불을 질러 모두 태워 죽인 사건도 있었습니다. 그 뿐입니까? 관동대지진 때는 조선인이 독립운동으로 봉기하였다는 유언비어를 퍼뜨려 무고한 한국인 수만 명을 학살했습니다. 그럼에도 불구하고 하나님은 용서를 하라고 하십니다.

1. 용서의 의미는 무엇입니까?

◆ 다른 사람을 용서하되 언제 용서하며, 그리고 얼마나 용서해야 합니까?(눅 17:3-4, 마 18:21-22)

언제 _____

얼마나 _____

　용서는 실수와 죄지음을 전제로 이루어지는 행위입니다. 나에게 실수를 범했거나, 죄를 짓지 아니한 사람은 내가 용서할 이유가 없는 것입니다. 용서는 용서를 받은 사람만이 할 수 있는 행위입니다. 우리는 모두 하나님으로부터 우리의 죄를 용서받은 자들입니다. 하나님의 아들 예수 그리스도께서 우리의 죄를 위하여 단번에 십자가에 달려 죽으심으로 우리의 모든 죄를 깨끗하게 용서해 주셨습니다. 우리가 용서하는 것은 용서받은 증거입니다.

2. 용서란 하나님의 법칙에 의하여 행하는 것을 말합니다.

본문 36절에, "너희 아버지의 자비로우심 같이 너희도 자비로운 자가 되라"고 하신 말씀은, 곧 세상에 속한 악한 영의 지배를 받는 영혼을 사랑하시되 독생자 예수를 죽이기까지 하시는 사랑으로 악에 보답하신 것입니다. 바로 그러한 자비로운 마음으로 용서하라는 말씀입니다.
사람은 자기가 사랑할 수 있는 만큼의 용서를 할 수 있다고 합니다. "모든 사람을 용서하는 것은 아무도 용서하지 않는 것과 같다"고 세네카는 말했습니다.

◆ 오늘 본문의 32-33절에, "너희가 만일 너희를 사랑하는 자를 사랑하면 칭찬 받을 것이 무엇이뇨? 죄인들도 사랑하는 자를 사랑하느니라. 너희가 만일 선대하는 자를 선대하면 칭찬받을 것이 무엇이뇨? 죄인들도 이렇게 하느니라"고 하셨습니다.
그렇다면 우리가 어떤 사람을 용서해야 합니까?(눅 6:27-28)

_____

_____

3. 용서는 사랑하는 마음이 있어야 할 수 있습니다.

우리는 우리를 미워하는 사람을 사랑할 수 있어야 합니다. 원수에게 선하게 대접하라고 하십니다. 뿐만 아니라 그에게 아무 것도 바라지 말라고 하십니다. 사랑은 거저 주는 것입니다. 거저 받았으니 거저 주라는 것입니다. 나를 사랑하지 아니하는 자를 사랑할 수 있어야 합니다. 죄 없는 자를 사랑하는 것이 아니라, 죄 있는 자를 사랑하는 것이 전도요, 복음 증거요, 하나님의 사랑을 나누는 것입니다.

◆ 예수님은 용서를 무엇이라고 말씀하십니까?

_____

_____

용서하는 마음은 곧 사랑하는 마음이 있어야 합니다. 나를 미워하는 사람을 선대(善待)하여야 합니다. 나를 저주하는 자를 축복할 수 있어야 합니다. 나를 모욕하는 자를 위하여 기도할 수 있어야 하겠습니다.

† 다시 말씀을 음미하면서
"그러나 너희 듣는 자에게 내가 이르노니 너희 원수를 사랑하며 너희를 미워하는 자를 선대하며 너희를 저주하는 자를 위하여 축복하며 너희를 모욕하는 자를 위하여 기도하라"(눅 6:27-28).

† 말씀 따라 실천을
오늘 말씀을 생각하면서, 한 주간 동안 꼭 실천할 것을 기록해 봅시다.

_____

_____

† 말씀 따라 기도를
사랑의 하나님, 세상 사는 동안 이웃을 미워하거나 원수질 일이 없게 하시고, 혹 마음에 미움이나 분노가 있을지라도 예수님처럼 용서할 수 있는 큰 마음을 허락하여 주옵소서. 예수님의 이름으로 기도 드립니다. 아멘.

† 말씀이 살아 움직이도록
하나님 앞에 온전한 예배를 드렸습니까? 예, 아니오
날마다 기도를 열심히 했습니까? 예, 아니오
매일 성경을 읽었습니까? 예, 아니오
지난 주 실천사항을 실천했습니까? 예, 아니오

† 함께 나누는 기도

구역식구들의 형편과 처지를 생각하며, 기도제목을 나누고 기도합시다.

제30과
용서하는 아름다운 삶

본문 / 고린도후서 2:1-11 찬송 / 309, 304장

인간이 존재하는 곳에는 어디나 실수와 잘못이 있습니다. 누구에게나 허물과 실수가 있는 만큼 우리 인간은 서로를 용납하고 용서하며 살아야만 하는 것입니다. 용서가 있는 곳에는 화해와 사랑이 있으나, 용서가 없는 곳에는 정죄와 싸움이 있을 뿐입니다.

죄의 본성을 가진 인간으로서는 남을 용서하기보다는 정죄하는 일을 서슴없이 하려 합니다. 바리새인들이 예수님께 책망을 받았던 것은 자기들의 의(義) 때문에 남을 판단하고 정죄하려는 데 있었습니다.

그러나 하나님 앞에서 과연 의로운 자가 누구이겠습니까? 우리들이 의로운 자들이라면 과연 하나님이 우리를 부르실 이유가 있었겠습니까? 허물 많고 죄 많은 우리들을 부르시고 자녀 삼으셔서 아름다운 삶을 살라고 부르신 것입니다. 그러므로 우리들은 끊임없이 서로를 용서하며 살아야 합니다. 주님은 우리에게 일흔 번씩 일곱 번이라도 용서하라고 하셨는데, 우리들은 얼마나 남을 용서해 보았습니까?

1. 자기 의에 사로잡히지 말아야 합니다.

◆ 어떤 사람이 남을 비판하려 합니까? 왜 비판하지 말아야 합니까? (마 7:1-5)

_____

_____

◆ 마태 18:21-35을 읽고, 용서하는 자의 마음은 어디에서 나는 것인지 말해 봅시다.

_____

_____

단지 우리는 용서받은 죄인일 뿐입니다. 우리가 주님 앞에 의를 내세울 것이 없듯이 사람들 앞에서도 의를 내세우려 해서는 안되는 것입니다. 자기 의를 내세우려 할 때 우리는 남을 용서하기보다는 비난하고 정죄하려는 유혹에 쉽게 빠진다는 것입니다. 바리새인들이 스스로 시험을 받았던 것은 자기 의에 빠져 있었기 때문입니다.

2. 중심으로 용서해야 합니다.

예전에 한보 청문회를 할 때 많은 증인들이 거의 "모릅니다. 아닙니다"로 일관한 대답하는 것을 본 적이 있습니다. 모든 것을 진심으로 하지 않기에 의혹이 불어나는 것입니다. 또 어떤 진심의 고백을 진실한 것으로 들어주지 않은 것도 문제가 되기도 합니다.

◆ 하나님은 우리의 죄를 용서하시되, 어떻게 용서하십니까?(사 43:18, 25; 65:17)

_____

_____

우리의 어두웠던 과거는 기억하지 말아야 합니다. 우리의 죄악과 허물 되었던 과거는 기억하지 말아야 합니다. 하나님도 우리를 용서하시며 기억도 아니하시리라고 하셨습니다. 우리가 기억해야 할 사실은 우리를 용서하신 하나님의 사랑뿐입니다. 하나님의 은혜만을 기억해야 합니다. 과거의 잘못된 것을 기억하는 것은 아직도 우리가 변화되지 못한 것이요, 천국을 소유하지 못하였기 때문입니다. 용서는 모든 것을 받아 주고 모든 것을 잊어 주는 것입니다.

3. 그리스도의 사랑으로 용서해야 합니다.

인간의 사랑은 한계가 있습니다. 우리는 사랑해야 하는 것을 몰라서 사랑하지 않거나, 용서해야 하는 것을 몰라 용서하지 않는 것이 아닙니다. 용서하고 싶어도 용서할 수 없는 것은 인간의 한계 때문인 것입니다.

◆ 요셉은 자기에게 악을 행한 형제들의 행위를 어떻게 받아들였습니까? 그리고 그 행위를 누가 하신 것이라고 했습니까?(창 45:5, 7-8)

_____

_____

용서는 인간을 변화시키는 힘이 있습니다. 인간은 정죄 속에서가 아니라 용서 속에서 변화가 됩니다. 악을 선으로 갚으며 용서의 손길을 편 요셉의 행동에서, 용서는 인간이 할 수 있는 가장 큰 사랑의 표현임을 믿으시길 바랍니다.

용서하지 아니하고는 결코 형제가 연합하여 동거할 수가 없습니다. 하나님께서 그리스도 안에서 우리의 모든 죄악을 용서하신 것과 같이, 그리스도의 용서의 사랑을 우리가 받아야 우리도 다른 이들을 용서할 수 있습니다. 우리가 그리스도의 십자가 밑에 나와서 기도할 때 예수님께서 우리 이웃을 용서할 수 있는 힘을 마음속에 부어 주시는 것입니다.

† 다시 말씀을 음미하면서
"너희가 무슨 일에든지 누구를 용서하면 나도 그리하고 내가 만일 용서한 일이 있으면 용서한 그것은 너희를 위하여 그리스도 앞에서 한 것이니"(고후 2:10).

† 말씀 따라 실천을
오늘 말씀을 생각하면서, 한 주간 동안 꼭 실천할 것을 기록해 봅시다.

_____

_____

† 말씀 따라 기도를

사랑의 하나님 감사합니다. 우리를 죄악 가운데서 구하여 주시고, 용서하여 주시니, 우리들도 서로서로 용서하며 살게 하여 주옵소서. 예수님의 이름으로 기도 드립니다. 아멘.

† 말씀이 살아 움직이도록

하나님 앞에 온전한 예배를 드렸습니까? 예, 아니오
날마다 기도를 열심히 했습니까? 예, 아니오
매일 성경을 읽었습니까? 예, 아니오
지난 주 실천사항을 실천했습니까? 예, 아니오

† 함께 나누는 기도

구역식구들의 형편과 처지를 생각하며, 기도제목을 나누고 기도합시다.

8월

†

힘 있는 생활

"내가 산을 향하여 눈을 들리라
나의 도움이 어디서 올까
나의 도움은 천지를 지으신 여호와에게서로다"
(시 121:1-2)

제31과
도전받는 교회

본문 / 사도행전 19:23-41 찬송 / 14, 322장

영국 교회는 엘리자베스 여왕의 보호 아래 있었을 때보다는 피의 여왕이라 불리는 메리 여왕의 박해와 학정 아래 있었을 때 교회는 더 정상적인 성장의 길을 걸었습니다. 초대 교회도 그랬습니다. 로마의 모진 박해가 있었을 때 기독교는 건전하게 성장을 했고, 복음의 전파도 전 세계를 향하여 속도 있게 전파되었습니다. 그러던 것이 콘스탄틴 대제가 기독교를 국교로 공인을 한 후부터 교회는 타락의 길을 걸어왔습니다. 그 타락의 결정체가 바로 로마 천주교입니다.

교회는 늘 도전을 받고 있습니다. 한 가지 일이 끝나면 또 다른 곳으로부터 마귀가 도전해 옵니다. 성도들이 평화스럽게 사는 것을 눈뜨고 못 보는 것이 마귀들의 본성입니다. 오늘 우리는 우리 교회가 받는 도전이 무엇인지 바로 이해하고 그러한 도전에 이길 수 있는 믿음을 든든히 세워야 하겠습니다.

1. 우상의 도전을 받습니다.

에베소 교회가 도전을 받은 이유는 다름이 아니라, 에베소는 다이아나 여신 즉 아데미를 유별나게 숭배를 했기 때문입니다. 더욱이 소동이 일어나고 있었던 때가 바로 다이아나 신을 숭배하는 달, 즉 5월이었습니다. 그래서 매년 5월이면 아시아에 있는 많은 숭배객들이 몰려오곤 했습니다.

외지에서 몰려오는 사람들과 지방의 사람들을 합하면 대단한 수치입니다. 에베소엔 우상을 위하여 은장색이 매우 성행을 했고, 그것으로 인하여 벌어들이는 수입 또한 대단했습니다. 다시 말하면 다이아나 여신을 숭배하러 오는 사람들은 으레 은으로 만든 우상들을 많이 사 가곤 했는데, 바울이 이곳에 그리스도의 복음을 전파하고 난 후부터는

이 은장색의 판매고가 급격히 줄어든 것입니다.

그래서 에베소 시민들은 교회를 향하여 반기를 들고, 요즈음 말로 하면 데모를 하게 된 것입니다. 우상을 섬겨야 할 사람들이 복된 복음의 소식을 듣고 많은 사람들이 회개하고 그리스도께로 돌아옴으로 말미암아 우상 판매업은 현저하게 그 수입이 줄어들게 되었던 것입니다.

◆ 이때 교회는 어떻게 해야 합니까?

_____

_____

2. 대인적인 도전을 받습니다.

그리스도인의 대인 관계에 대하여 성경은 "이웃 사랑하기를 네 자신과 같이 사랑하라"(레 19:18). "자기보다 남을 낫게 여기라"(빌 2:3). "존경하기를 서로 먼저하라"(롬 12:10). "너를 고발하여 속옷을 가지고자 하는 자에게 겉옷까지도 가지게 하며"(마 5:40). "또 누구든지 너로 억지로 오리를 가게 하거든 그 사람과 십 리를 동행하고"(마 5:41). "또 네 이웃을 사랑하고… 네 원수를 사랑하며…"(마 5:43,44). "자신의 유익을 구하지 아니하고 많은 사람의 유익을 구하라"(고전 10;33)고 말합니다.

그리스도인은 이웃에게 기쁨의 대상이 되어야 합니다. 그런데 지금 바울과 그의 일행이 난처한 입장에 처해 있습니다. 우상을 만들어서 업으로 하는 사람들과 곤란한 대인 관계에 있습니다. 그들은 저들에게 유익은커녕 오히려 생계에 위협을 한다고 난리가 난 때문입니다.

◆ 본문 25-27절에서 사도 바울이 당한 곤경은 어떤 이유입니까?

_____

_____

나 한 사람이야 예수 믿고 구원의 감격 속에 살고 있으니 관계가 없지만 내가 예수 믿는 일 때문에 부모님들의 심기가 불편하다든지, 내가 예수 믿기 때문에 남편이 또는 아내가 언짢아 한다면 이때 대인 관계는 어떻게 해야 할 것입니까?

3. 사회적인 도전을 받습니다.

교회의 건물들과 십자가 탑이 숨가쁘게 우후죽순 마냥 세워지는 것을 볼 때 괜스레 시기심이 작동을 하고 있는 것입니다. 이런 상황 가운데 우리들이 천성을 향하여 진리의 행진을 하고 있음을 명심해야 합니다. 오늘 에베소에서 일어난 이 난동의 사건은 인간의 영혼의 소중함을 알지 못하는 무지한 사람들에 의하여 일어난 것입니다. 진정 사회가 영혼의 귀중함과 인생의 의미를 바로 알 수만 있다면 결코 교회를 향하여 사회적인 문제를 제기하지 않을 것입니다.

◆ 마 8:28-34을 보면, 당시에 어떤 일이 있었습니까?

_____

_____

돼지가 떼죽음을 당한 것을 보고 예수님이 화를 당하실까봐 피하기를 권했습니다. 그들에겐 한 사람의 영혼보다 돼지 떼가 더 소중했기 때문이었습니다. 영혼의 소중함을 모르는 사회로부터 도전을 받고 있는 것입니다. 될 수 있으면 교회는 사회나 국가의 간섭을 받지 않도록 각별한 관심을 가지고 믿음의 행진을 해야 되겠습니다. 그러나 만약의 경우 신앙의 문제로 어떤 제약을 받는다면 우리는 복음을 위하여 희생할 수 있는 사람들이 되어야 합니다.

† 다시 말씀을 음미하면서

"오늘 아무 까닭도 없는 이 일에 우리가 소요 사건으로 책망 받을 위험이 있고 우리는 이 불법 집회에 관하여 보고할 자료가 없다 하고 이에 그 모임을 흩어지게 하니라"(행 19:40-41).

† 말씀 따라 실천을

오늘 말씀을 생각하면서, 한 주간 동안 꼭 실천할 것을 기록해 봅시다.

_____

_____

† 말씀 따라 기도를

하나님 아버지 감사합니다. 세상에서 하나님의 교회가 도전받고 어려움을 당할 때에도 말씀으로 이길 수 있도록 힘주시고, 하나님의 영광만을 드러내게 하옵소서. 예수님의 이름으로 기도 드립니다. 아멘.

† 말씀이 살아 움직이도록

하나님 앞에 온전한 예배를 드렸습니까? 예, 아니오
날마다 기도를 열심히 했습니까? 예, 아니오
매일 성경을 읽었습니까? 예, 아니오
지난 주 실천사항을 실천했습니까? 예, 아니오

† 함께 나누는 기도

구역식구들의 형편과 처지를 생각하며, 기도제목을 나누고 기도합시다.

제32과
씨 뿌리는 사람

본문 / 시편 126:1-6, 마태복음 13:1 찬송 / 496, 490장

성경 말씀에서 '씨를 뿌린다'고 하는 것은 여러 가지 뜻을 담고 있습니다. '씨를 뿌린다'는 것은 신령한 면에 노력이나 수고를 뜻하기도 하고, 또는 일정한 결과를 야기시키는, 하나의 원인을 만드는 것으로 설명하기도 합니다. 그리고 씨를 뿌린다는 행위 자체는 수고와 고생과 어려움을 뜻하기도 합니다. 오늘 말씀에서 예수님은 농부가 곡식을 파종하는 일을 통하여 하늘나라 진리를 설명하여 주셨습니다.

우리는 이 세상에서 삶을 시작하면서부터 어떤 씨든지 간에 불가불 '씨를 뿌리는 삶'을 살게 되어 있습니다. "사람이 무엇으로 심든지 그대로 거두리라"고 했습니다. 우리는 무엇을 어떻게 심어야 합니까? 또한 무엇을 거둘 것이라고 기대하십니까?

1. 여러분은 무엇을 심기를 원하십니까?

우선 우리는 좋은 씨를 많이 심어 놓도록 노력해야 하겠습니다. 언제나 착한 마음과 선한 동기를 가지고 말하며 사람을 대하고 남을 돕고 봉사하는 그런 생활을 하도록 힘써야 합니다. 예로부터 우리는 남에게 악하게 하면 자기에게도 그 보응이 돌아온다는 말을 듣고 있습니다. 그리고 남에게 선행을 많이 한 집은 잘된다는 말도 있습니다. 그것은 우리 선조들의 오랜 삶의 경험과 역사가 증명하는 하나의 진리인 것입니다.

예수님 당시에 로마군대의 백부장인 고넬료는 유대인들을 위하여 좋은 일을 많이 하고 심지어는 유대인들의 회당까지 지어 준 사람이라고 하였습니다. 예수께서는 그 사람에 대하여 특별한 관심을 가지시고 마음 속으로 칭찬하시고 감사히 여기셨다는 말씀이 있습니다.

◆ 사도행전 10:4을 보고, 고넬료가 한 일을 자세히 알아봅시다.

_____

_____

하나님을 믿는 사람들의 선행과 구제는 곧 하나님께 상달되고 하나님이 기억하실 수 있는 좋은 기도입니다. 성경에 가난한 자를 돕는 일은 자기 돈을 하나님께 꾸어 드리는 일이라고 하였습니다. 그런데 하나님은 그 꾸어 드린 것에 대하여 후히 넘치도록 반드시 갚아 주신다고 하였습니다. 이스라엘 백성들이 잘되고 복을 받은 것은 그 조상 아브라함의 덕망과 선행이 그 원인이 되었다는 믿음이었습니다.

2. 정의로운 씨를 심어야 합니다.

우리 하나님은 공정한 심판관이십니다. '정의는 반드시 승리한다'는 말이 있습니다. 하나님이 계시는 한 반드시 공의의 심판이 있을 것을 믿어야 합니다.

◆ 하나님이 우리에게 원하시는 것은 무엇입니까?(미 6:8)

_____

_____

모두 악한데 홀로 선한 마음을 가지고 살아간다는 것, 그것은 심히 외롭고 고독한 일인지 모릅니다. 어떻게 보면 바보스럽고, 어떻게 보면 나 혼자만 손해보는 것 같은 어려운 길입니다. 그러나 사람들이 모두 다 악하기만 하면 이 사회가 어떻게 되겠습니까? 그래도 착하게 사는 사람들이 있어서 그들이 이 사회를 무너지지 않게 기둥처럼 버텨주고 있는 것이 아닙니까? 그것이 곧 '울면서 씨를 뿌리는' 행위입니다.

3. 믿음과 인내로 씨를 뿌리는 것입니다.

세상이 모두 불의한데 나 혼자 정직하고 공의롭다고 무슨 소용이 있겠습니까? 나만 어리석은 짓을 하는 게 아닌가 마음이 흔들리기도 합니다. 그 길은 참으로 고독한 길이요 어려운 길입니다. 또 그렇게 한다고 누가 알아주고 무슨 효과가 있겠는가? 하고 의심하게 될 때가 많을 것입니다. 그러나 우리 사회가 모두 불의하고 모두 부정하여 의로운 사람이 하나도 없다면 이 사회는 과연 어디로 갈 것입니까? 소돔과 고모라같이 될 것뿐입니다.

씨라는 것은 그것이 아무리 좋은 것이라도 땅의 상태와 조건에 따라서 결실이 좌우됩니다. 그러나 씨 뿌리는 사람은 확실한 신념과 소망을 가지고 뿌려야 합니다. 정의롭게 사는 것이 반드시 이긴다는 것, 아무리 세상이 어두워도 빛을 보게 된다는 신념을 굳게 가져야 됩니다. 사람들이 모두 그러한 생각과 신념의 씨를 뿌린다면 오늘 우리 사회는 반드시 정의의 열매를 거둘 것입니다.

◆ 지금 내가 심고 있는 '정의로운 것'은 어떤 것이 있습니까?

_____

_____

† 다시 말씀을 음미하면서
"눈물을 흘리며 씨를 뿌리는 자는 기쁨으로 거두리로다 울며 씨를 뿌리러 나가는 자는 반드시 기쁨으로 그 곡식단을 가지고 돌아오리로다"(시 126:5-6).

† 말씀 따라 실천을
오늘 말씀을 생각하면서, 한 주간 동안 꼭 실천할 것을 기록해 봅시다.

_____

_____

† 말씀 따라 기도를

하나님 아버지, 우리가 씨를 뿌리되, 정의의 씨앗을 심게 하옵소서. 불의와 타협하지 않게 하시고, 어떠한 유혹이나 조건 속에서도 흔들리지 않고 믿음으로 승리하는 삶을 살게 하옵소서. 예수님의 이름으로 기도 드립니다. 아멘.

† 말씀이 살아 움직이도록

하나님 앞에 온전한 예배를 드렸습니까? 예, 아니오
날마다 기도를 열심히 했습니까? 예, 아니오
매일 성경을 읽었습니까? 예, 아니오
지난 주 실천사항을 실천했습니까? 예, 아니오

† 함께 나누는 기도

구역식구들의 형편과 처지를 생각하며, 기도제목을 나누고 기도합시다.

제33과
생산적인 사람

본문 / 누가복음 8:4-15 찬송 / 518, 495장

추수의 기쁨은 봄부터 씨를 뿌려 땀흘려 애쓴 사람에게 주어지는 하나님의 복이 될 것입니다. 우리는 먼저 밭을 갈아 엎은 후에 고랑을 만들고 흙을 잘 고른 후에야 씨를 뿌리는데, 성경 말씀 가운데는 씨를 뿌리는 사람이 길가에도 뿌리고, 돌밭에도 뿌리고, 가시떨기에도 뿌린다고 했습니다. 많은 씨들이 유실될 정도로 서투르게 씨를 뿌린 것은 이상하게 보입니다.

씨는 살아 있는 생명체인 것처럼, 말씀을 씨로 비유한 것은 말씀이 바로 살아있는 생명체이기 때문입니다. 성실하게 말씀을 받아들이려는 삶의 태도, 순수하게 말씀을 받아들이는 모습, 말씀이 가장 중요함을 깨닫고 소중히 간직하는 헌신, 말씀에 생명체가 있음을 깨닫고 잘 자라도록 가꾸고, 열매를 맺도록 땀흘려 애쓰는 간절한 삶의 태도만이 하나님 앞에 쓰임 받는 하나님의 생산적인 사람이 될 것입니다. 우리의 신앙의 변화 과정을 통해서 어떻게 신앙의 열매를 많이 맺는 생산적인 사람이 될 수 있을까 생각해 보아야 합니다.

1. 길 가를 좋은 땅으로 만들려면 먼저 갈아엎어야 합니다.

사람들이 밟아서 딱딱하게 되었다는 것은 곧 우리의 마음이 세상에 찌들고 굳어진 것을 의미합니다. 우리의 마음이 말씀을 받아들일 준비가 있어야만 말씀이 뿌리를 내릴 수 있게 됩니다. 세상적인 것들과 죄 가운데 살던 우리의 굳은 마음이 말씀의 씨앗을 받아들여 뿌리가 내리도록 하려면 먼저 우리의 마음이 부드럽고 편안한 땅이 되어야 합니다. 즉, '거듭남'이 있어야 합니다. 그래서 봄이 되면 농부들은 먼저 겨우내 묵은 땅을 쟁기로 갈아엎어서 부드러운 땅으로 만듭니다.

◆ 호세아 10:12을 찾아서 기록하여 봅시다.

_____

_____

2. 돌을 골라내는 땀흘림이 있어야 합니다.

신앙인은 말씀을 받아들일 때에 편견과 고집을 앞세우지 말아야 합니다. 순수한 마음의 바탕에서만이 말씀이 계속 뿌리를 내릴 수 있습니다. 자신이 가지고 있는 말씀의 편견이나, 다른 사람을 통해서 들은 이야기가 말씀보다 앞설 수는 없으며, 자기의 의견이 틀려도 틀린 줄 모르는 고집이 말씀을 대신할 수는 없습니다. 이러한 사람은 말씀을 뿌리 내리지 못하게 하는 편견과 고집의 돌을 골라내야 하는 땀흘림이 있어야 합니다. 이 땀흘림은 곧, 말씀에 대한 연구와 간절한 기도를 통하여 이루어져야 합니다.

◆ 가라지는 누가 뿌렸다고 합니까?(마 13:25)

_____

_____

이러한 방해는 마귀의 장난이라고 말씀을 합니다. 마귀가 몰래 가라지 씨를 뿌려 놓음으로 가라지가 곡식의 성장을 방해한다고 하는 말씀입니다. 이러한 마귀의 방해공작을 물리치기 위해서는 기도가 요구됩니다. 예수님도 때로는 간절한 기도를 하셨고, 마지막 십자가를 져야 하는 결단이 필요했을 때는 기도하며 흘린 땀방울이 핏빛이 되었다고 제자들은 증언하고 있습니다. 이것을 보면서 우리는 과연 기도를 통하여 얼마만큼 땀방울이 맺혔는가를 생각하게 합니다.

3. 가시넝쿨을 베어 버리는 아픔과 결단이 요구됩니다.

잡초라는 것은 아무리 뽑아도 다시 돋아나고, 제초제를 써도 언제 씨가 떨어져서 돋아나는지 알지 못하는 풀입니다. 뿐만 아니라 이 잡초를 빨리 뽑아내지 않으면 어느새 뿌리가 깊게 내리고 넓게 퍼져서 뽑기 힘들게 됩니다. 크게 자란 잡초를 뽑으려면 곡식까지 뽑을 염려가 있고, 또 흙덩어리가 함께 들려 올라와서 무척 힘이 들게 됩니다.

◆ 마태복음 13장에서 인간의 마음을 각각 어떻게 비유하고 있습니까?

_____

_____

우리의 마음 밭에도 이와 같은 많은 잡초들이 생겨납니다. 언제 어느 때, 나도 모르는 사이에 말씀보다는 세상 염려가 먼저 앞서고, 재물에 눈을 돌리고, 세상 쾌락에 몸을 맡기게 됩니다. 우리는 완전하고 거룩하고 흠이 없는 사람들이 아닙니다. 그러기에 우리 속에는 언제든지 잡초가 자랄 수밖에 없습니다.

이미 내 속에 자란 잡초를 빨리 제거하지 못하면 뿌리가 깊게 박히고 넓게 뻗어서 뽑기도 힘이 들고, 뽑아도 줄기만 잘리고 말면 더욱 힘이 들게 됩니다. 뿌리째 뽑아 내야 하는 아픔이 있어야 합니다. 이 아픔 때문에 두려움이 따른다면, 그래서 결단하는 시기가 점차 늦어져 간다면 우리의 마음 바탕은 영원히 말씀이 자라 결실하지 못하고, 결실해도 쭉정이가 되어 타작 마당에서 키질할 때 밖으로 내던져질 것입니다.

† 다시 말씀을 음미하면서
"이 비유는 이러하니라 씨는 하나님의 말씀이요 길 가에 있다는 것은 말씀을 들은 자니 이에 마귀가 가서 그들이 믿어 구원을 얻지 못하게 하려고 말씀을 그 마음에서 빼앗는 것이요 바위 위에 있다는 것은 말씀을 들을 때에 기쁨으로 받으나 뿌리가 없어 잠깐 믿다가 시련을 당할 때에 배반하는 자요 가시떨기에 떨어졌다는 것은 말씀을 들은 자이나 지내는 중 이생의 염려와 재물과 향락에 기운이 막혀 온전히 결실하지 못하는 자요 좋은 땅에 있다는 것은 착하고 좋은 마음으로 말씀

을 듣고 지키어 인내로 결실하는 자니라"(눅 8:11-15).

† 말씀 따라 실천을

오늘 말씀을 생각하면서, 한 주간 동안 꼭 실천할 것을 기록해 봅시다.

_____

_____

† 말씀 따라 기도를

하나님 아버지 감사합니다. 하나님의 말씀을 의지하여 살면서 그리스도를 본받아 살며, 승리의 삶을 살게 도와주옵소서. 나날이 그리스도로 말미암아 새로워지게 하옵소서. 예수님의 이름으로 기도 드립니다. 아멘.

† 말씀이 살아 움직이도록

하나님 앞에 온전한 예배를 드렸습니까? 예, 아니오
날마다 기도를 열심히 했습니까? 예, 아니오
매일 성경을 읽었습니까? 예, 아니오
지난 주 실천사항을 실천했습니까? 예, 아니오

† 함께 나누는 기도

구역식구들의 형편과 처지를 생각하며, 기도제목을 나누고 기도합시다.

제34과
내 손을 힘 있게 하옵소서

본문 / 느헤미야 6:1-9 찬송 / 74, 386장

70년 동안 바벨론에서 포로생활 하던 유다 민족이 예루살렘으로 돌아와서 해야 할 일은 크게 두 가지였습니다. 하나는 예루살렘 성을 재건하는 일이었고, 다른 하나는 성전을 재건하는 일이었습니다. 70년 동안 폐허로 방치됐던 성을 재건하는 일은 결코 쉬운 일이 아니었습니다. 주변 국가들이 가만있지 않았습니다. 집요한 방법으로 예루살렘 성이 재건되는 것을 방해했습니다. 예루살렘 성이 재건되는 것은 주변 국가들에게는 군사적 위협이 증대되는 사건이었기 때문입니다. 그러나 느헤미야는 온갖 도전과 위협을 무릅쓰고 성을 재건하는 일에 최선을 다했습니다.

1. 언제 위기가 오는가?

◆ 본문에서 위기는 어느 때에 온다고 말씀하고 있습니까?(1절)

_____

_____

느헤미야가 원수들의 방해에도 불구하고 성을 다시 쌓고 마지막 성문에 문짝만 아직 달지 못했다는 것입니다. 그 때 위기가 온 것입니다. 주변 국가들로서는 성문짝을 달고 닫아버리면 더 이상 공세를 취할 기회가 없어진다고 생각했기 때문에 문짝을 달기 전에 최후의 공격을 해야 했습니다.

그러나 무력침공보다는 회유하고 기만해서 느헤미야를 암살하고 자중지란(自中之亂)을 일으켜 유대나라를 전복시키려는 것이 그들의 전술이었습니다. 문짝을 달기 전에 위기가 왔다는 것은 큰 일이 마무리되기 직전에 위기가 왔다는 것을 의미합니다.

농사짓는 경우를 보면 모내기 할 때나 씨를 뿌릴 때는 별 어려움이 없습니다. 그러나 곡식이 여물고 벼가 익을 무렵이면 태풍이 불거나 폭우가 쏟아져 농사를 망치게 됩니다. 제아무리 농사가 잘 되었더라도 마지막 결실할 때가 중요한 것처럼 개인생활이나 신앙생활도 문짝을 달기 직전이 중요한 것입니다.

2. 어떻게 시험이 오는가?

2절을 보면 원수들은 평화 협상이라는 가면을 쓴채 오노 평지 한 촌에서 만나자고 제의해 왔습니다. 그리고 4절에는 네 번씩이나 사람을 보내 만나서 평화적으로 대화를 나누자고 회유했습니다. 그러나 그것은 기만이었고 술수였습니다. 2절 끝을 보면 "실상은 나를 해코자 함이라"고 했습니다. 그들은 느헤미야를 오노 평지로 유인해 낸 다음 그를 암살할 전략을 가지고 있었습니다. 그런 것을 아는 느헤미야였기 때문에 네 번씩이나 요구해 온 만남을 거절했던 것입니다.

인생에는 세 종류의 만남이 있습니다. 첫째는 반드시 필요한 만남입니다. 예를 들면 주님과의 만남, 부부간의 만남, 사랑하는 사람들끼리의 만남, 좋은 일을 위한 만남 등이 여기에 속합니다. 둘째는 의미 없는 만남입니다. 노닥거리고 지껄이고 떠들고 많은 사람을 만났지만 만나고 난 후 돌이켜보면 별 의미없는 만남들이 있습니다. 셋째는 해로운 만남입니다. 열차 안에서 소매치기를 만났다든지 길 가다가 미친 개를 만났다든지 도둑이나 깡패를 만나는 경우라면 그것은 해로운 만남입니다.

그런데 다양한 만남 가운데 해롭거나 무익한 만남일수록 횟수가 많고 만나자는 유혹이 잦다는 것입니다. 해롭고 무익한 만남일수록 시간과 정력과 경제적 낭비와 손실이 크기 마련입니다. 그러나 유익한 만남은 영적으로나 정신적으로 유익하고 경제적으로도 득이 됩니다. 만나서 유익할 게 없는 유혹이나 시험, 그리고 불의한 회유를 담대히 물리쳐 버립시다.

◆ 예루살렘 주변의 도전자들이 네 번씩이나 만나자고 회유했을 때 느헤미야는 왜 그것을 거절했습니까?

_____

_____

3. 내 손을 힘있게 해달라고 기도해야 합니다.

일을 하다보면 모략, 중상, 협박, 비난을 당할 수 있습니다. 그러나 나만 떳떳하면 아무런 문제가 없습니다. 큰일을 하려면 느헤미야처럼 의연한 태도를 지녀야 합니다. 큰 나무는 태풍이 불어도 가지만 흔들리지만 작은 나무는 뿌리째 뽑힙니다. 작은 감정 때문에 흔들리거나 얼굴색이 변해선 안됩니다. 회유와 협박과 중상이 거듭되어도 느헤미야는 더 든든히 섰습니다. 그러나 자신의 힘으로 그런 것들을 이겨내는 것은 너무나 힘든 일이었습니다.

느헤미야는 '손을 힘있게 해달라'고 기도하였습니다. 그 이유는, 첫째로 능력이 없이는 아무 일도 하지 못하기 때문입니다. 인간은 도구를 제작하는 존재입니다. 그 도구는 손으로 제작합니다. 그리고 능력이 없으면 제작도 못하고 활용도 못합니다. 내가 능력을 받아야 창조적인 역사를 감당할 수 있습니다. 둘째는 주의 일을 하게 해달라는 것입니다. 힘있는 심장과 힘있는 손으로 주님의 일을 할 수 있도록 능력을 달라는 것입니다. 나쁜 일을 하기 위해서 힘을 달라면 주시지 않지만 주의 일을 위해 주십니다.

† 다시 말씀을 음미하면서
"이는 그들이 다 우리를 두렵게 하고자 하여 말하기를 그들의 손이 피곤하여 역사를 중지하고 이루지 못하리라 함이라 이제 내 손을 힘있게 하옵소서 하였노라"(느 6:9).

† 말씀 따라 실천을
오늘 말씀을 생각하면서, 한 주간 동안 꼭 실천할 것을 기록해 봅시

다.

---

† 말씀 따라 기도를

하나님 아버지. 우리들도 하나님의 크신 역사를 위하여 느헤미야처럼 '손을 힘있게 해달라'고 기도하오니, 내 손에 힘을 주시고 능력을 받아 주의 일을 능히 감당하게 하옵소서. 예수님의 이름으로 기도 드립니다. 아멘.

† 말씀이 살아 움직이도록

하나님 앞에 온전한 예배를 드렸습니까? 예, 아니오

날마다 기도를 열심히 했습니까? 예, 아니오

매일 성경을 읽었습니까? 예, 아니오

지난 주 실천사항을 실천했습니까? 예, 아니오

† 함께 나누는 기도

구역식구들의 형편과 처지를 생각하며, 기도제목을 나누고 기도합시다.

제35과
마음을 넓히라

본문 / 고린도후서 6:11-13 찬송 / 357장, 499장

마음을 히브리어로 '레브'라 하는데, 이것은 마음이란 의미 외에 중심, 내부, 핵심이라는 더 근원적인 의미를 가지고 있습니다. 육체적으로는 생명의 중심인 가슴 또는 심장을 의미하였고, 정신적으로는 감정의 공간이며, 영적으로는 인식, 기억, 사고의 근거지라고 말합니다.

감정적인 부분에 대한 '레브', 즉 마음은 기쁘고 즐거운 마음, 사랑하는 마음, 근심하는 마음, 미워하는 마음, 분노의 마음, 두려운 마음, 사모하는 마음, 쏠리는 마음, 시기하는 마음, 인색한 마음, 담대한 마음 등등으로 나타낼 수 있습니다.

그리고 인식적이고 의지적인 차원에서 '레브'는 온전하고 의로운 마음, 악한 마음, 순종하는 마음, 불순종하는 마음, 제어하는 마음, 정직한 마음, 깨닫는 마음, 청결한 생각과 계획의 출구, 결단하는 마음, 선악을 분별하는 마음 등입니다.

이와 같은 마음의 작용을 통하여서 우리가 알 수 있는 것은, 마음의 작용이 우리가 살아가는 과정에 있어서 매우 중요한 영향을 가져온다는 것입니다. 그러면 어떻게 우리의 마음을 넓힐 수 있을까요?

1. 말씀을 지속적으로 섭취하고 묵상하는 것입니다.

◆ 베드로전서 2:2에서, 복음을 무엇으로 비유하여 말씀하고 있습니까?

_____

_____

말씀은 우리의 즐거움의 원천이 되며 행위의 표준이고 영적 양식입니다. 말씀을 계속적으로 읽으며 그 말씀을 따라 묵상하며 살아간다

면, 그 말씀이 우리를 진리 가운데로 인도하여 마음이 넓은 인격자로 만들 것입니다. 하나님의 말씀인 성경 자체가 복음입니다. 사도 바울도 이 복음의 진리를 깨달았을 때 마음이 넓어졌다고 하였습니다. 마음을 넓혀 줄 수 있는 것은 어떤 종류의 지식도 아니며, 오로지 그 목적이 위대하고 유익한 하나님의 말씀인 성경뿐입니다.

2. 복음의 능력에 복종하는 것입니다.

◆ 롬 1:16에서, 복음은 어떤 능력이라고 말씀하고 있습니까?

_____

_____

지식이란 대단히 유용한 것이지만 이것만으로는 마음을 넓히기보다는 오히려 마음을 교만하게 만들기 쉽습니다. 우리의 마음을 교화시키는 것은 바로 복음입니다. 복음은 온 우주를 통하여 가장 선한 것을 포함하고 있으며, 그것을 간직하고 있는 사람들은 하나님께서 사랑하시는 선한 일을 사랑하며, 복음에 제시된 방법으로 살려고 노력합니다.

그러므로 누구든지 그리스도와 신실하게 연합하게 되면 그 즉시 위대한 선을 발견함과 동시에 그들의 마음이 넓어지는 것을 경험하게 되는 것입니다.

복음은 하나님을 향한 인간의 마음을 넓혀 줍니다.
복음은 그리스도를 향한 인간의 마음을 넓혀 줍니다.
복음은 그리스도의 교회를 향한 인간의 마음을 넓혀 줍니다.
복음은 모든 인류를 향한 인간의 마음을 넓혀 줍니다.
복음은 모든 피조물을 향한 인간의 마음을 넓혀 줍니다.
복음은 모든 사건에 관심을 갖도록 인간의 마음을 넓혀 줍니다.

3. 서로 교제를 함으로 마음을 넓힐 수가 있습니다.

◆ 초대 교인들은 어떤 모습이었습니까?(행 2:42)

_____

_____

우리 성도들은 터놓고 교제해야 합니다. 성도간의 교제를 통해서 우리는 마음을 넓혀야 합니다. 성도의 생활에 교통이 없으면 무익합니다. 서로 사귀어야 그 사람의 마음을 알 수 있고, 그 사람의 처지를 이해할 수 있습니다. 다른 이에 대하여서 잘 알지도 못하면서 아는 척 하면 그것이 곧 문제가 될 수 있는 것입니다.

하나님을 향하여 마음을 넓히시기 바랍니다.

그리스도를 향하여 마음을 넓히시기 바랍니다.

이웃을 향하여 마음을 넓히시기 바랍니다.

인류를 향하여 마음을 넓히시기 바랍니다.

피조물을 향하여 마음을 넓히시기 바랍니다.

오래 참지 못하고 자기만을 생각하는 이기주의적인 사상과, 감정적인 판단에 의해 좁아진 마음을 넓히시기 바랍니다. 성경 말씀을 지속적으로 섭취하고 묵상하고, 기도하며, 복음의 능력에 복종하므로 마음을 넓히는 성도가 되어야 하겠습니다..

† 다시 말씀을 음미하면서

"고린도인들이여 너희를 향하여 우리의 입이 열리고 우리의 마음이 넓어졌으니 너희가 우리 안에서 좁아진 것이 아니라 오직 너희 심정에서 좁아진 것이니라 내가 자녀에게 말하듯 하노니 보답하는 것으로 너희도 마음을 넓히라"(고후 6:11-13).

† 말씀 따라 실천을

오늘 말씀을 생각하면서, 한 주간 동안 꼭 실천할 것을 기록해 봅시다.

_____

_____

† 말씀 따라 기도를

하나님. 오래 참지 못하고 자기만을 생각하는 이기주의적인 사상과, 감정적인 판단에 의하여 좁아진 마음을 말씀으로 넓혀주옵소서. 우리의 마음이 넓어질 때에 우리 구역이 확장되고, 우리 교회가 부흥할 것을 믿습니다. 예수님의 이름으로 기도 드립니다. 아멘.

† 말씀이 살아 움직이도록

하나님 앞에 온전한 예배를 드렸습니까? 예, 아니오
날마다 기도를 열심히 했습니까? 예, 아니오
매일 성경을 읽었습니까? 예, 아니오
지난 주 실천사항을 실천했습니까? 예, 아니오

† 함께 나누는 기도

구역식구들의 형편과 처지를 생각하며, 기도제목을 나누고 기도합시다.

9월

†

온전한 순종의 삶

"나더러 주여 주여 하는 자마다
다 천국에 들어갈 것이 아니요
다만 하늘에 계신 내 아버지의 뜻대로
행하는 자라야 들어가리라"

(마 7:21)

제36과
면류관을 얻기까지

본문 / 디모데후서 4:1-8 찬송 / 360, 520장

인생은 출발점이 있고 코스가 있고 끝이 있습니다. 마치 마라톤 선수가 49.195킬로미터를 달리는 것과 같이 우리 인생의 여정은 단거리가 아닙니다. 힘의 안배를 잘해야 합니다. 지혜가 있어야 합니다. 처음에 아무리 일등으로 달려도 뒤에 꼴찌로 달릴 수 있습니다. 신앙의 경주도 그렇고, 인생의 경주도 그렇습니다. 문제는 내가 인생의 경주를 마치고 하는, 나의 고백이 어떤 고백인가가 중요합니다.

바울은 전 생애를 통하여 자신의 신앙고백을 하고 있습니다. "나는 선한 싸움을 싸우고 나의 달려갈 길을 마치고 믿음을 지켰으니 이제 후로는 나를 위하여 의의 면류관이 예비되었으므로 주 곧 의로우신 재판장이 그 날에 내게 주실 것이며 내게만 아니라 주의 나타나심을 사모하는 모든 자에게도니라"(딤후 4:7-8).

1. 가치관이 달라졌습니다.

세상적으로 보면 바울은 과연 큰 자였습니다. 그는 바리새파 유대교를 신봉하는 상류가문 출신이었습니다. 신분적으로 높은 위치에 있었고 학문적으로는 가말리엘 문하생이었습니다. 사울은 세상의 이러한 가치가 최고인 줄 알았습니다. 그래서 얼마나 열심이었는지 모릅니다. 예수 그리스도를 알지 못했던 그는 예수 믿는 사람이 그렇게 미울 수가 없었습니다. 그래서 예수 믿는 사람들만 보면 잡아다가 감옥에 가두었습니다. 이왕에 미워하기로 작정한 이상 좀더 적극적으로 나서자고 생각한 사울은 외국에 있는 성까지 다니면서 기독교인들을 색출해 내기 시작했습니다.

그가 다메섹으로 예수 믿는 사람들을 잡으러 가는 도중에 하나님의 개입하심이 있었습니다. 갑자기 하늘에서 내려오는 밝은 빛을 받았습

니다. 그리고 주님의 음성을 들었습니다. 바울의 일생에 가장 큰 충격적인 사건이었습니다. 자기가 추구했던 가치관이 한꺼번에 와르르 무너져 내리는 순간이었습니다. 여기에는 자존심도 내세울 수가 없습니다. 자신의 학문과 명예가 하루아침에 아무런 가치가 없다고 느끼는 순간입니다. 바울은 다메섹 도상의 예수를 만난 후에 자신의 모든 것이 변했습니다.

◆ 바울의 가치관이 어떻게 변했습니까?(빌 3:8-9)

_____

_____

2. 그의 활동범위가 바뀌었습니다.

◆ 바울은 이제 사는 것은 무엇으로 사는 것이라고 고백하게 되었습니까?(갈 2:20-21)

_____

_____

바울은 이제 하늘의 가치를 두고 사는 사람이 되었습니다. 가장 큰 자라고 자부했던 바울이 겸손하게 자기를 낮추며 가장 작은 자라고 고백합니다. 바울이 손해 보는 것 같은데 그의 생애를 너무나 놀라운 생애로 하나님이 만들어 주셨습니다. 그가 하나님을 만나지 못했다면 아마 다소지방과 유대지방만 다니는 그 지방의 장으로서의 역할밖에는 할 수 없었을 것입니다. 그러나 바울이 하나님의 손에 붙잡히자 그는 전 세계를 누비는 사람이 되었습니다.

우물 안 개구리였던 바울이 세상에 나와 다른 나라의 문물을 접하고 눈이 뜨이게 되었습니다. 그러자 그는 3차에 걸친 전도여행을 할 수 있게 되었던 것입니다.

3. 마지막이 아름다운 사람이 되었습니다.

영국 최고의 설교자라고 인정받던 스펄전 목사의 묘비에는 이렇게 적혀 있다고 합니다. "영원히 사랑하는 찰스 해던 스펄전 목사를 기억하며, 1834년 6월 19일 켈베돈에서 태어나 1892년 1월 31일 멘톤에서 예수님 품에 잠들다. '나는 선한 싸움을 싸우고 나의 갈 길을 마쳤으며 믿음을 지켰노라'.

◆ 바울이 신실한 그리스도인에게 명하는 바가 무엇입니까?(딤후 4:5)

_____

_____

잠시 우리 자신을 돌아봅시다. 내 인생의 여정 속에 나는 과연 하나님이 주신 직무를 잘 하고 있습니까? 전도인의 일을 하고 있습니까? 그리고 모든 일에 근신하는 마음으로 고난이 와도 이것이 하나님의 영광의 길이라면 감당한다는 각오가 있습니까?

한 경주자의 신앙고백, 그것은 "내가 선한 싸움을 싸웠습니다. 그리고 믿음을 지켰습니다. 의로우신 재판장이신 예수여 나에게 의로운 면류관을 허락하소서" 하는 고백입니다. 이와 같은 고백이 우리 모두의 고백이 되시기를 바랍니다.

† 다시 말씀을 음미하면서

"나는 선한 싸움을 싸우고 나의 달려갈 길을 마치고 믿음을 지켰으니 이제 후로는 나를 위하여 의의 면류관이 예비되었으므로 주 곧 의로우신 재판장이 그 날에 내게 주실 것이며 내게만 아니라 주의 나타나심을 사모하는 모든 자에게도니라(딤후 4:7-8).

† 말씀 따라 실천을

오늘 말씀을 생각하면서, 한 주간 동안 꼭 실천할 것을 기록해 봅시

다.

_____

_____

† 말씀 따라 기도를

하나님 아버지, 오늘 우리 자신을 돌아보며, 과연 하나님이 주신 직무를 잘 하고 있는지 생각해 봅니다. 내가 선한 싸움을 다 싸우고 믿음을 지켰으니, 의로우신 재판장이신 예수님, 나에게 의로운 면류관을 허락하소서 하는 고백을 할 수 있게 하옵소서. 예수님의 이름으로 기도 드립니다. 아멘.

† 말씀이 살아 움직이도록

하나님 앞에 온전한 예배를 드렸습니까? 예, 아니오
날마다 기도를 열심히 했습니까? 예, 아니오
매일 성경을 읽었습니까? 예, 아니오
지난 주 실천사항을 실천했습니까? 예, 아니오

† 함께 나누는 기도

구역식구들의 형편과 처지를 생각하며, 기도제목을 나누고 기도합시다.

제37과
봉사하는 자의 자세

본문 / 로마서 12:9-13 찬송 / 210, 336장

교회는 주님의 몸인 동시에 우리의 몸입니다. 그러므로 가장 가까운 형제들을 위해서 봉사하고 섬기지 아니하면 세상에서 섬긴다는 말은 거짓말이 되기 쉽습니다. 성령께서는 우리 각자에게 한 두 가지씩 은사를 주셨습니다. 형제를 섬기고 봉사하기에 필요한 재능도 주셨고 능력도 주셨다는 말입니다. 그러므로 각자가 자기 받은 은사대로 겸손하게 형제를 섬겨야 합니다. 형제를 섬기는 것이 하나님을 섬기는 것입니다. 또한 교회 안에서 교회를 위하고 주님을 위하고 열심히 아침부터 저녁까지 봉사한다고 해서 다 봉사가 아니라, 하나님이 가르쳐 주신 법칙과 원리대로 봉사해야 비로소 봉사가 되는 것입니다. 하나님이 가르쳐 주신 원리대로 봉사하지 않으면 교회에 문제가 생기게 됩니다. 하나님의 법칙대로 봉사해야 하나님이 영광 받으시는 봉사가 되고, 교회와 형제에게 유익을 주는 아름다운 봉사가 되는 것입니다.

1. 사랑으로 봉사해야 합니다.

◆ 오늘 본문의 9절은 우리에게 어떻게 하라고 전하고 있습니까?

_____

_____

사랑은 진실해야 한다고 말합니다. 사랑엔 거짓이 없어야 합니다. 연극을 하듯이 사랑할 수는 없습니다. 또 진실한 사랑은 악을 미워합니다. 마음에 악한 마음을 가지고 사랑하듯이 말하고 행동을 하면 겉으로 금방 드러나지는 않지만 시간이 흐르면서 내 마음의 악이 언제인가는 형제를 해치게 되고 형제를 잘못된 곳으로 끌고 가게 됩니다. 그러므로 악을 미워하고 형제를 해칠 수 있는 것은 무엇이든지 미워해야 합니다.

교회 안에서 모든 성도들은 한 형제 의식을 가져야 합니다. 교회를 오래 다닌 분이나 이제 갓 들어온 분이나, 안면이 있는 분이나 없는 분이나 가리지를 말고 일단 예수 믿는 사람으로서 교회에 소속이 되었으면 우리는 한 형제라는 마음을 가져야 합니다. 그래야 사랑을 할 수가 있습니다.

2. 열심으로 봉사해야 합니다.

"부지런하여 게으르지 말고 열심을 품고 주를 섬기라"고 하십니다. 여기서 "열심을 품고"라는 말은 가슴에 불을 품은 듯 뜨거운 마음을 의미합니다. 즉, 성령이 충만하라는 말씀입니다. 미지근한 생활을 하다가 어느 날 갑자기 열심을 내기 시작하면, 그 사람은 틀림없이 은혜 받은 사람입니다. 열심이 식어지면 은혜에서 떨어진 사람입니다. 그런 의미에서 어떤 신학자는 기독교는 열심의 종교라고 정의한 것도 옳은 말입니다. 열심을 빼 버리면 기독교는 아무 것도 남지 않습니다. 열심이 식어 버리면 그 교회는 부흥하지 않습니다. 건물이 아무리 아름다워도 그 교회는 죽어 버립니다.

◆ 요한계시록 3:15-16에서 우리에게 원하시는 것은 무엇입니까?

_____

_____

주님이 기뻐하는 열심이 있습니다. 교회를 다니지만 뜨거운 열정을 가지고 교회에서 봉사하고 섬기는 일에 동참을 못하는 이들이 있습니다. 물론 남모르는 부분에서 열심히 일하는 이들도 있을 수 있습니다. 그러나 세상에서는 열심이지만, 교회 생활에는 열심을 내지 못하는 사람이 이 다음에 주님 앞에 섰을 때는 책망을 받게 될 것입니다.

◆ 만일 주님 앞에 심판을 받는 날 나는 어떤 위치에 서게 될까요?(마 25:32-33)

_____

_____

◆ "악하고 게으른 종"이라고 책망 받을 때에 변명하거나 자신의 게으름을 합리화시킬 근거가 있는지 이 시간 돌이켜 보십시오.

_____

_____

3. 어려워도 봉사해야 합니다.

"소망 중에 즐거워하며, 환난 중에 참으며, 기도에 항상 힘쓰며…" 교회에서 형제를 위해서 봉사하고 주님을 위해서 뛰는 것이 얼마나 아름답습니까? 이렇게 봉사를 하면 주님께서 매일매일 우리의 길을 인도하셔서 만사 형통케 하시고, 어려운 일없이 태평세월만 주실 것 같지만, 그렇지 않습니다. 이 세상에서 우리가 봉사를 하고, 육신을 입고 봉사를 하기 때문에 자주 자주 어려움이 일어날 수 있습니다. 어떤 때는 건강이 상하기도 합니다. 어떤 때는 시간에 쫓기다가 보면 하던 일이 정상적으로 안 돌아 갈 때도 있습니다. 어떤 때는 우환이 일어날 때도 있습니다. 그리고 남에게 욕을 먹기도 합니다.

◆ 이럴 때 우리는 어떻게 해야 합니까? 주님은 무엇이라고 말씀하십니까?(고후 12:10)

_____

_____

하나님 안에서 시작한 일은 중단하지 말아야 합니다. 다른 사람이 무엇이라고 해도, 환경이 어떻게 변해도, 어떠한 괴로운 일이 있어도 끝까지 견뎌 내면 하나님의 은혜가 있습니다.

"사랑에는 거짓이 없나니 악을 미워하고 선에 속하라 형제를 사랑하여 서로 우애하고 존경하기를 서로 먼저 하며 부지런하여 게으르지 말고 열심을 품고 주를 섬기라 소망 중에 즐거워하며 환난 중에 참으며 기도에 항상 힘쓰며 성도들의 쓸 것을 공급하며 손 대접하기를 힘쓰라"(롬 12:9-13).

† 말씀 따라 실천을
오늘 말씀을 생각하면서, 한 주간 동안 꼭 실천할 것을 기록해 봅시다.

_____

_____

† 말씀 따라 기도를
사랑의 하나님, 우리가 주님께 받은 바 사명을 감당하기에 어려움이 닥치더라도 끝까지 인내하며, 모든 일에 주님의 사랑으로 즐거워하며 인내하게 하옵소서. 예수님의 이름으로 기도 드립니다. 아멘.

† 말씀이 살아 움직이도록
하나님 앞에 온전한 예배를 드렸습니까? 예, 아니오
날마다 기도를 열심히 했습니까? 예, 아니오
매일 성경을 읽었습니까? 예, 아니오
지난 주 실천사항을 실천했습니까? 예, 아니오

† 함께 나누는 기도
구역식구들의 형편과 처지를 생각하며, 기도제목을 나누고 기도합시다.

제38과
온전한 순종, 온전한 복

본문 / 열왕기상 9:4-7 찬송 / 93, 391장

솔로몬의 생애를 살펴보면, 그는 처음에 하나님의 말씀에 온전히 순종한 결과 이스라엘 왕이 되어서 온갖 복을 누리게 된 것입니다. 그러나 왕이 되어 부귀영화를 누리게 되니까 음란한 죄를 짓게 되었고, 그 처첩들이 섬기는 우상을 같이 섬기므로 하나님께 매를 맞아 비참한 생애를 보낼 수밖에 없었습니다. 그러다가 말년에 이르러 자기의 잘못을 깊이 뉘우치고 회개해서 새사람이 된 다음 잠언과 전도서, 그리고 아가서와 같은 영감으로 기록된 하나님의 말씀을 기록할 수 있었습니다. 이 사실을 통해서 깨달을 수 있는 확실한 진리는 온전하게 순종을 하면 온전한 복을 받는다는 사실입니다. 하나님께서 은혜로 선택하신 우리 모든 성도들도 하나님께 온전히 순종하므로 온전한 복을 받으시기를 바랍니다.

1. 영혼이 잘되는 복이 있습니다.

사람은 영혼과 육으로 구성되어 있는데, 영은 혼을 다스리고 혼은 육체를 다스리기 때문에 영혼보다 더 중요한 것이 없습니다. 영혼이 복받는 것이 가장 중요한데 영혼이 복을 받으면 하나님을 사랑하며 하나님과 교통할 수 있게 됩니다. 그러나 우리의 영혼이 병들어 있으면 하나님을 멀리하게 되고, 기도를 게을리 하게 되고, 하나님을 사랑할 수 없게 됩니다. 영혼이 잘 되어서 복을 받으면 신앙 생활을 뜨겁게 열심히 하고, 하나님의 사랑과 보호를 받게 됩니다. 하나님께서는 영혼의 복 받을 사람을 사랑하셔서 그 영혼을 사단의 유혹으로부터 지켜 주십니다.

◆ 요셉은 보디발의 아내가 유혹을 할 때 어떻게 했습니까?

_____

_____

◆ 다니엘도 영혼이 복 받는 사람이기에 사자굴에 던짐을 받았어도 무서워하지 아니하고 하나님께 기도하는 것을 쉬지 않았습니다. 어떻게 그런 용기가 날 수 있었을까요?

_____

_____

2. 육신이 건강해지는 복이 있습니다.

"사랑하는 자여 네 영혼이 잘됨같이 네가 범사에 잘되고 강건하기를 내가 간구하노라" 우리는 건강의 복이 얼마나 소중한 것인지 잘 알고 있습니다. 아무리 물질이 많아도, 아무리 높은 명예가 있다 해도 몸이 병들어 버리면 아무런 소용이 없습니다. 그러므로 건강의 복을 받아야 되는데, 건강도 하나님이 허락해야만 하는 것입니다.

◆ 사도 바울에게는 어떤 질병이 있었으며, 그것을 어떻게 받아들였습니까?(고후 12:7)

_____

_____

주님의 섭리 가운데 병들어 고통 당하는 것도 하나님의 은혜이지만, 건강한 것이 더 큰 복이기 때문입니다. 건강해야 주님의 일을 성실하게 할 수 있습니다. 만일 건강한 몸을 범죄의 도구로 삼는다고 하면 육신이 병든 것만 못합니다. 그러나 건강한 몸으로 주님께 헌신하고 주님의 몸된 교회를 받들어 충성한다고 하면 그 건강이 얼마나 아름답고 귀한 것입니까?

우리 주님은 만병의 의사가 되십니다. 주님이 세상에 계실 때에도 모든 병든 자를 고치셨습니다. 오늘도 살아 계셔서 병든 자를 고쳐 주십니다. 우리 하나님은 치료하시는 여호와이십니다. 그러므로 오늘도 치료하시는 우리 하나님을 온전히 바라보는 사람은 질병의 고침을 받고 건강해지는 복을 받습니다.

3. 재물의 복이 있습니다.

여우 한 마리가 어느 날 포도원 옆을 지나가다가 포도가 익어서 주렁주렁 매달려 있는 것을 보고 먹고 싶어 견딜 수가 없었습니다. 그런데 높다란 울타리가 처져 있었는데, 그 틈새가 촘촘해서 끼어 들어갈 수 없었습니다. 이리저리 찾아보니까 그 틈새가 좀더 벌어진 곳이 있어서 그곳으로 비집고 들어가려 했지만 도무지 들어갈 수 없어서 사흘간 단식을 하여 살을 뺀 다음에야 그 틈 사이로 포도원에 들어갈 수 있었습니다.

포도를 실컷 따먹고 배가 부르자 다시 그 틈 사이로 나오려 하니까 나올 수가 없어 또 사흘간 단식을 하고서야 나올 수 있었는데, 포도원 밖으로 나온 여우는 '들어갈 때나 나갈 때나 내 뱃속은 일반이로구나' 라고 탄식을 하였다고 합니다.

우리는 어차피 빈손 들고 왔다가 빈손 들고 가는 존재인데, 하나님 앞에 갈 때 무엇을 가지고 가야 되느냐가 중요한 것입니다. 이 땅에서 하나님이 허락하여 주신 물질을 가지고 선하게 사용하다가 하나님 앞에 서게 된다면 큰 상급을 받게 될 것입니다.

◆ 온전한 순종을 하지 않으면 어떤 결과를 가져옵니까?(7절)

_____

_____

† 다시 말씀을 음미하면서

"네가 만일 네 아버지 다윗이 행함 같이 마음을 온전히 하고 바르게 하여 내 앞에서 행하며 내가 네게 명령한 대로 온갖 일에 순종하여 내

법도와 율례를 지키면 내가 네 아버지 다윗에게 말하기를 이스라엘의 왕위에 오를 사람이 네게서 끊어지지 아니하리라 한 대로 네 이스라엘의 왕위를 영원히 견고하게 하려니와"(왕상 9:4-5).

† 말씀 따라 실천을

오늘 말씀을 생각하면서, 한 주간 동안 꼭 실천할 것을 기록해 봅시다.

_____

_____

† 말씀 따라 기도를

하나님 아버지. 아버지의 말씀에 순종하며, 온전한 순종으로 큰 복 받아 살게 하옵소서. 예수님의 이름으로 기도 드립니다. 아멘.

† 말씀이 살아 움직이도록

하나님 앞에 온전한 예배를 드렸습니까? 예, 아니오
날마다 기도를 열심히 했습니까? 예, 아니오
매일 성경을 읽었습니까? 예, 아니오
지난 주 실천사항을 실천했습니까? 예, 아니오

† 함께 나누는 기도

구역식구들의 형편과 처지를 생각하며, 기도제목을 나누고 기도합시다.

제39과
그 날이 오면

본문 / 미가서 4:1-5 찬송 / 102, 504장

미가가 활동하고 있었던 때에는 앗수르라고 하는 강대국이 중동 지역에 여러 나라들을 이유 없이 침략하여 정복자로서의 위세를 떨치려는 야심에 불타오르고 있었습니다. 그래서 자연히 나라와 나라 사이에 문제들이 제기 되었지만, 그 때는 오늘날의 유엔과 같은 국제기구가 없었기 때문에 이것을 중재하거나 조정해 줄 사람이 아무도 없었습니다. 그 때 약소국들은 이유도 없이 침략을 당하고 국토를 빼앗기고 백성들은 포로로 끌려가 종살이를 하였습니다. 그러니까 강대 국가의 힘의 횡포가 말이 아니었고 약소국들은 별 저항 없이 항복하고 그들의 속국이 되는 수밖에 없었습니다.

이 때에 미가 선지자의 예언은 먼저 하나님을 저버린 이스라엘의 타락과 죄를 지적하고 하나님께 돌아오라고 한 것입니다. 그리고 또 그는 영원한 평화를 갈망하면서 마지막 때에 하나님이 주시는 진정하고 영원한 평화가 이루어지게 될 것이라고 한 것입니다.

1. 그 날은 언제 올까요?

지금 세계와 인류는 냉전을 청산하고 화해와 평화를 향하여 나아가고 있는 것은 사실입니다. 그래서 동서간에 화해 무드가 무르익고 무기를 더 이상 만들지 말고 만든 무기도 폐기해 버리며 서로 싸우지 말고 평화롭게 살도록 노력하자고 말하고 있습니다. 분명히 역사는 그런 방향으로 나아가고 있습니다. 그러나 잘되어 나아가는 화해 무드도 어느 순간 어떤 사람에 의하여 어떻게 깨어지고 허물어질지 모릅니다. 그래서 인류의 장래는 모두가 불확실합니다. 먼 장래뿐 아니라 우리는 한치 앞일도 예측할 수 없는 불안 가운데 살고 있습니다.

◆ 그러면 그 날은 언제 오겠습니까?

_____

_____

　미가는 그 날은 마지막 날에 온다고 하였습니다. 분쟁과 살상과 전쟁의 역사에 종지부를 찍고 하나님이 새로운 일을 시작하시는 그 마지막에 올 것입니다. 미가 선지자는 이 마지막을 오직 예수 그리스도를 통하여 이루어질 하나님의 교회를 의미하고 있습니다. 사람들을 하나님의 진리대로 살도록 가르치는 교회가 온전히 이루어지는 그 날이 오면 인류의 영원한 평화가 정착되고 나라들이 다시는 칼을 들고 서로 치지 아니하며 다시는 전쟁을 연습하지 아니할 것입니다.

2. 평화를 이루어 주실 분은 누구입니까?

　인류를 향하신 하나님의 뜻과 목표는 평화와 사랑입니다. 회교도들은 알라신의 이름으로 저주하고 전쟁을 일으키지만 우리는 하나님의 이름으로 평화를 선포하고 사랑을 전달합니다. 그 하나님이 우리의 지도자가 되실 때에 평화는 가능합니다. 그러므로 참다운 지도자, 모든 세계와 역사와 나라들을 주관할 주관자는 장차 오실 예수 그리스도 그분뿐이십니다.

◆ 다음 성경은 평화의 왕에 대하여 어떻게 노래하고 있습니까?(마 2:6)

_____

_____

　그리스도는 평화의 왕이십니다. 평화의 왕 예수 그리스도가 세계와 나라들을 다스리실 때, 그 때가 바로 "무리가 그 칼을 쳐서 보습을 만들고 창을 쳐서 낫을 만들 것이며 이 나라와 저 나라가 다시는 칼을 들고 서로 치지 아니하며 다시는 전쟁을 연습하지 아니하리라"고 한 그 말씀이 이루어지는 때입니다. 주님이 다스리는 하나님의 나라가 참된 평화입니다. "내가 너희에게 평화를 준다. 내가 주는 평화는 세상이 주는 것과 같지 아니하리라"고 말씀하셨습니다. 그가 영원히 다스리실 때, 그를 모든 인류가 영접할 때에 비로소 참된 세계 평화는 이루어질 것입니다.

3. 그리스도가 다스리시는 영원한 평화는 어떤 것입니까?

◆ 오늘 말씀에서, 그가 다스리는 세계의 평화스러운 모습에 대하여 어떻게 말합니까?

_____

_____

◆ 초대교회 당시 신앙 공동체의 평화스러운 삶의 모습을 성경은 어떻게 표현하고 있습니까?(행 2:44-47)

_____

_____

인간 각자가 그리스도를 왕으로 모시지 아니하면 분쟁, 탐심, 교만, 증오에 가득 차게 되고 평화는 깨어지고 전쟁은 계속될 것입니다. 그러지 않기 위해서 우리가 해야 할 일은 열심히 하나님의 뜻을 배우고 따르는 일입니다. '많은 이방인들'이야말로 예수가 누구인지 모르며, 교회가 어떤 곳인지 모르며, 하나님의 참 사랑과 진리를 아직도 모르는 이 세상의 수많은 사람들입니다. 이들이 하나님께 나와서 배우고 하나님이 그 도로 가르치실 때에 하나님의 나라가 건설되고 참되고 영원한 평화가 이루어질 것입니다.

† 다시 말씀을 음미하면서
"곧 많은 이방 사람들이 가며 이르기를 오라 우리가 여호와의 산에

올라가서 야곱의 하나님의 전에 이르자 그가 그의 도를 가지고 우리에게 가르치실 것이니라 우리가 그의 길로 행하리라 하리니 이는 율법이 시온에서부터 나올 것이요 여호와의 말씀이 예루살렘에서부터 나올 것임이라"(미 4:2).

† 말씀 따라 실천을
오늘 말씀을 생각하면서, 한 주간 동안 꼭 실천할 것을 기록해 봅시다.

_____

_____

† 말씀 따라 기도를
사랑의 하나님, 이 세상은 평화를 원하지만, 진정한 평화는 주님께 있음을 고백합니다. 온 세상이 주님이 다스리는 평화의 나라가 되게 하옵소서. 예수님의 이름으로 기도 드립니다. 아멘.

† 말씀이 살아 움직이도록
하나님 앞에 온전한 예배를 드렸습니까? 예, 아니오
날마다 기도를 열심히 했습니까? 예, 아니오
매일 성경을 읽었습니까? 예, 아니오
지난 주 실천사항을 실천했습니까? 예, 아니오

† 함께 나누는 기도
구역식구들의 형편과 처지를 생각하며, 기도제목을 나누고 기도합시다.

10월

✝

하나님의 능력을 받아

"두려워하지 말라 내가 너와 함께 함이라
놀라지 말라 나는 네 하나님이 됨이라
내가 너를 굳세게 하리라 참으로 너를 도와 주리라
참으로 나의 의로운 오른손으로 너를 붙들리라"

(사 41:10)

제40과
하나님은 하십니다

본문 / 신명기 32:9-14 찬송 / 242, 521장

누군가 당신을 향하여 "하나님을 얼마나 잘 알고 있습니까?"라고 묻는다면 어떻게 대답할 수 있습니까? 아마 자신 있게 대답을 못할 것입니다. 하나님은 너무나 광대하신 분입니다. 우리의 마음에도 담을 수가 없고 우리의 생각에도 품을 수가 없습니다. 우리는 성경을 통해서 나타나신 하나님마저 다 이해하지 못합니다.

구약성경을 보면 하나님을 가장 잘 알고 이해한 사람이 한 사람 있는데, 바로 모세입니다. 모세는 하나님과 직접 대면해서 보았고 알았고 들었습니다. 그리고 그는 40년 동안 이스라엘 백성들을 광야에서 인도하면서 하나님이 자기 백성된 이스라엘을 어떻게 다루시는가를 실제로 체험한 사람입니다. 오늘 이 말씀은 하나님을 가장 잘 알고 있던 모세가 임종을 앞두고 남긴 마지막 교훈을 기록한 것입니다. 모세는 지금까지 자기가 알고 신뢰하였던 하나님이 어떤 분인가를 본문에서 이야기합니다.

1. 하나님은 눈동자같이 보호해 주십니다.

◆ 하나님은 우리를 어떻게 보호하십니까?(시 17:8)

_____

_____

예수님은 눈이 어두우면 온 몸이 어둡게 된다고 말씀하시면서 눈의 중요성을 가르쳐 주셨습니다. 하나님이 우리 두개골 속 가장 안전한 곳에 눈을 두고 그 위에 눈꺼풀을 덮어 항상 이물질이 들어오지 못하도록 해 놓았습니다. 그 뿐만 아니라 눈물단지를 가지고 늘 소독을 하여 깨끗하고 윤기 나는 눈동자를 유지하도록 하셨습니다. 그리고는 보이지 않는 곳에다 하수도를 연결시켜 놓았습니다. 얼마나 기가 막히는지 모릅니다. 하나님이 얼마나 눈을 묘하게 만드셨고 소중히 다루시는지 모릅니다.

하나님은 자기가 택해서 예수 믿게 하시고 죄 용서 받게 하시고 성령을 그 마음에 모시게 한 그의 자녀를 완벽하게 보호하십니다. 자기 눈을 보호하듯 보호하신다는 데는 다른 말이 더 필요하지 않습니다. 이 사실을 믿으면 얼마나 우리 마음이 든든해 지는지 모릅니다.

2. 하나님은 우리를 훈련하십니다.

독수리는 보금자리를 높은 절벽이나 벼랑 위에 만듭니다. 아무나 함부로 접근하지 못할 곳에다가 둥지를 틀고 자기의 털이나 다른 부드러운 물질로 폭신한 침대를 마련합니다. 그 다음에 거기에 알을 까서 새끼를 기르는 것입니다. 독수리의 집은 매우 튼튼합니다. 새끼들은 안심하고 거기서 어미가 물어다 주는 것을 받아먹으면서 하루 종일 기분 좋게 지낼 수 있습니다.

그러나 어느 날 갑자기 어미 독수리가 날개를 펄럭이며 보금자리에 있는 새끼들을 못살게 굴기 시작합니다. 이 사실을 가지고 11절에서는 독수리가 그 보금자리를 어지럽게 한다고 했습니다. 새끼들은 갑자기 변한 어미를 보고 어리둥절합니다. 어미 독수리는 아랑곳하지 않고 날개를 계속 펄럭이며 입으로 새끼들을 둥지 가장자리로 마구 밀어내기도 합니다. 새끼들은 어미가 왜 그렇게 하는지 모릅니다. 어떻게 해서라도 보금자리에서 빠져 나오지 않으려고 기를 쓰며 소리를 지릅니다. 하나님께서도 우리를 이렇게 다루시는 경우가 있다는 것을 아셔야 합니다.

3. 하나님은 스스로 날 수 있는 믿음의 날개를 주십니다.

여기에서 우리가 절대로 잊어서는 안될 두 가지 진리가 있습니다. 첫째는 독수리가 그 새끼를 부딪치게 하여 죽도록 내버려두지 아니하듯이 하나님께서 우리가 망하도록 방관하지 않는다는 사실입니다. 그리고 둘째는 독수리 새끼가 여러 번 떨어지는 훈련을 통해서 결국은 스스로 날 수 있게 되듯이 우리 역시 어려운 고통과 역경을 수없이 거치는 과정을 통하여 스스로 날 수 있는 믿음의 날개가 생긴다는 것입니다.

◆ 오늘 본문 10절에서 하나님은 그의 백성을 어떻게 연단하신다고 합니까?

———————————————————————

———————————————————————

믿음이란 독수리의 날개와 같습니다. 날개에 힘이 생기려면 시간과 연단이 필요하듯이 믿음 역시 강한 힘을 가지려면 시간과 연단이 필요합니다. 그러므로 인생의 험한 경로를 많이 겪은 사람일수록 그가 가진 신앙의 날개는 더 튼튼합니다. 어려운 시련을 통해 하나님은 우리 믿음의 날개가 힘을 얻어서 스스로 날 수 있도록 만들어 주십니다.

† 다시 말씀을 음미하면서

"여호와의 분깃은 자기 백성이라 야곱은 그 택하신 기업이로다 여호와께서 그를 황무지에서, 짐승의 부르짖는 광야에서 만나시고 호위하시며 보호하시며 자기 눈동자 같이 지키셨도다 마치 독수리가 자기의 보금자리를 어지럽게 하며 그 새끼 위에 너풀거리며 그의 날개를 펴서 새끼를 받으며 그의 날개 위에 그것을 업는 것 같이 여호와께서 홀로 그를 인도하셨고 그와 함께 한 다른 신이 없었도다"(신 32:9-12).

† 말씀 따라 실천을

오늘 말씀을 생각하면서, 한 주간 동안 꼭 실천할 것을 기록해 봅시다.

———————————————————————

———————————————————————

하나님 아버지 감사합니다. 연약한 심령들이 하나님의 말씀을 의지하여 새 힘을 얻게 하시고, 독수리가 날개 치고 높이 솟아오르듯 우리의 믿음이 성장하게 하옵소서. 예수님의 이름으로 기도 드립니다. 아멘.

† 말씀이 살아 움직이도록

하나님 앞에 온전한 예배를 드렸습니까? 예, 아니오
날마다 기도를 열심히 했습니까? 예, 아니오
매일 성경을 읽었습니까? 예, 아니오
지난 주 실천사항을 실천했습니까? 예, 아니오

† 함께 나누는 기도

구역식구들의 형편과 처지를 생각하며, 기도제목을 나누고 기도합시다.

제41과
그만해도 족하니라

본문 / 신명기 3:23-29   찬송 / 419, 365장

우리는 길게는 일생을, 짧게는 하루하루를 '성공과 실패'라는 저울의 노예가 되어 살아갑니다. '얼마나 얻었는가?. 얼마나 이루었는가?, 얼마나 채웠고 얼마나 붙잡았는가?' 알게 모르게 우리는 이러한 압박과 긴장 속에서 하루를 살고 일생을 살아가고 있습니다.

그런데 여기서 중요한 것은 '그 성공과 실패를 재는 척도'가 무엇인가 하는 것입니다. 도대체 우리는 무엇을 기준해서 성공을 말하고 실패를 말합니까? 어떻게든 이기면 승리고, 지면 패배입니까? 무조건 움켜쥐면 성공이고, 놓치면 실패입니까? 과정이야 어떻든 결과만 좋으면 승리요 성공이요 성취라 할 수 있습니까? 우리의 생각, 우리의 판단, 우리의 결정, 그 모든 것이 이 세상적인 기준에 서 있는 것이어서는 안됩니다.

1. 모세의 기도를 주목해야 합니다.

모세는 언제나 이스라엘을 위해서 기도하였습니다. 자기 자신을 위해서는 기도하지 않았습니다. 뿐만 아니라 그는 하나님의 명령을 거역한 적이 없었습니다. 그런 모세가 이제 일생에 단 한번 자기 자신을 위한 기도를 하나님께 드리고 있는 것입니다.

◆ 예레미야 15:1절에서 모세는 사무엘과 함께 어떤 사람으로 묘사되고 있습니까?

_____

_____

모세가 마지막으로 "하나님, 저 약속의 땅에 들어가고 싶습니다. 이

요단을 건널 수 있게 해 주옵소서" 하고 간곡하게 약속의 땅의 눈앞에서 하나님께 청원을 드리고 있는 것입니다. 그런데 이게 웬일입니까? 그의 기도에 대한 하나님의 응답은 너무도 의외였습니다. "그만해도 족하니 이 일로 다시 내게 말하지 마라."

하나님의 응답은 두 가지 뜻을 가진 말씀입니다. 하나는 '너의 기도가 그만하면 됐으니, 내가 다 알아들었으니 더 이상 조르지 말라'는 뜻이고, 또 하나는 '내가 네게 베푼 은혜가 그만하면 족하니 더 이상 기대하지 말라'는 그런 뜻이기도 합니다. 그리고 하시는 말씀이 "비스가 산 꼭대기에 올라가서 그 땅을 바라보라"는 것이었습니다. 그 땅을 바라보는 것으로 만족하라는 것이었습니다. 인간적으로 볼 때 너무도 몰인정한 말씀입니다.

◆ 우리는 이럴 때 어떤 마음을 갖게 됩니까?

_____

_____

2. 하나님이 거절하시는 이유는 무엇입니까?

◆ 본문 26절에 하나님이 거절하시는 이유를 무엇이라고 하였습니까?

_____

_____

그 원인은 자기에게 있지 아니하고 이스라엘 백성 때문에 요단을 건너지 못한다는 것입니다. 모세는 분명 그의 혈기를 따라 반석을 두 번 쳐서 하나님의 영광을 드러내지 못했습니다. 그것도 따지고 보면 다 이스라엘 백성들 때문이었습니다. 그 상황에서 모세처럼 행동하지 않을 사람이 몇이나 있겠습니까? 그런데 그 이유 때문에 그곳에 못 들어간다니, 얼마나 억울한 일입니까?

3. 모세의 태도를 본받아야 합니다.

하나님의 종 모세를 이렇게 섭섭하게 하신 하나님은 오늘도 신실한 당신의 일꾼들을 섭섭하게 하실 때가 있습니다. 그래서 혹자는 하소연합니다. "내가 하나님을 위해서 그토록 수고하고 고생했는데 이게 도대체 뭐란 말입니까? 하나님이 내게 이럴 수 있습니까?" 그리고는 실족하여 주님을 떠나기도 합니다.

◆ 모세는 "그만 해도 족하니라"고 하신 말씀에 어떤 반응을 보입니까?

_____

_____

'그만해도 족하니라' 하는 말씀에서 모세는 자기의 소명을 깨닫습니다. 그의 사명은 백성을 약속의 땅 문 앞까지만 인도하는 사명이었습니다. 40년 광야 세대, 그것이 자신에게 맡겨진 사명이었음을 이제 비로소 깨닫습니다. 인간적인 마음으로야, 자기가 시작했으니 자기가 마무리 짓고 싶었겠지요. 그러나 그것은 '네 사명이 아니라 여호수아의 사명'이라는 겁니다. 그 말씀 앞에 모세는 깨끗이 승복하고 여호수아에게 바통을 넘기는 것입니다. 이 위대한 모습을 우리도 본받아야 합니다.

† 다시 말씀을 음미하면서
"여호와께서 너희 때문에 내게 진노하사 내 말을 듣지 아니하시고 내게 이르시기를 그만해도 족하니 이 일로 다시 내게 말하지 말라 너는 비스가 산 꼭대기에 올라가서 눈을 들어 동서남북을 바라고 네 눈으로 그 땅을 바라보라 너는 이 요단을 건너지 못할 것임이니라"(신 3:26-27).

† 말씀 따라 실천을

오늘 말씀을 생각하면서, 한 주간 동안 꼭 실천할 것을 기록해 봅시다.

_____

_____

† 말씀 따라 기도를

하나님 아버지 감사합니다. 우리도 모세와 같이 말씀에 온전히 순종하여 살며, 나의 영광이 아니라 하나님의 영광을 위하여 살게 도와 주옵소서. 예수님의 이름으로 기도 드립니다. 아멘.

† 말씀이 살아 움직이도록

하나님 앞에 온전한 예배를 드렸습니까? 예, 아니오
날마다 기도를 열심히 했습니까? 예, 아니오
매일 성경을 읽었습니까? 예, 아니오
지난 주 실천사항을 실천했습니까? 예, 아니오

† 함께 나누는 기도

구역식구들의 형편과 처지를 생각하며, 기도제목을 나누고 기도합시다.

제42과
형통케 하시는 하나님

본문 / 창세기 39:1-6 찬송 / 585, 374장

요사이 여러분들의 관심사는 무엇입니까? 정치입니까? 경제입니까? 아니면 사업입니까? 가정입니까? 먹고 마시고 놀며 즐기는 쾌락입니까? 여러분들은 한 주간 동안 무엇을 먹을까? 무엇을 마실까? 무엇을 입을까? 염려함 속에 물질문제로 고민하다가 아무 소득 없이 지내지는 않았습니까?

그러나 어려운 세상이라고 해서 포기해서는 안됩니다. 이 어려운 세상을 잘 살고 승리할 수 있는 길도 얼마든지 있습니다. 문제는 그 방법을 대부분의 사람들이 모르고 있다는 사실입니다. 또 알고 있어도 실행하지 않고 있기 때문에 복을 받지 못하고 있다는 사실입니다.

오늘은 요셉을 통해 형통케 하시는 하나님을 배워보겠습니다.

1. 장점을 잘 지킨 사람입니다.

요셉이 형통할 수 있었던 첫 번째 영적 비밀은 자신의 좋은 점을 끝까지 지켰다는 것입니다. 사람에게는 좋은 점이 다 있습니다. 태어날 때 처음부터 나는 악한 사람이 되겠다고 마음먹고 태어나는 사람이 없습니다. 모두 순수하고 진실한 성품을 가지고 태어납니다. 그런데 삶을 살아가면서 이런 장점들을 하나둘씩 버리고 점차 악해지기 시작하고 거짓말이 늘어나고 종내는 깡패나 강도가 되기도 합니다. 이렇게 되는 이유는 환경과 타협하거나 물질과 타협하거나 사람 속에 있는 악한 영과 타협하기 때문입니다. 그러나 성공한 사람들은 유혹이 있고, 시험이 있고, 장애물이 있어도 자신을 포기하지 않고 자기의 좋은 장점을 살려 자기를 개혁시키고 변화시키려고 열심히 노력하였다는 것입니다.

◆ 나에게 있는 장점은 무엇인지 말해 봅시다.

_____

_____

우리의 마음이 지금 악하지 않다고 해서 마음을 놓아서는 안됩니다. 변하지 않기 위하여 늘 깨어 기도하고 신앙생활에 믿음생활에 열심을 품어야 합니다. 왜 우리가 기도합니까? 우리의 마음을 흔들어 놓는 너무나 많은 세상의 유혹과 사조에 내 마음을 빼앗기지 않도록 하기 위해, 성령님의 도움을 얻기 위해서입니다.

2. 끝까지 하나님을 경외한 사람입니다.

요셉이 형통할 수 있었던 영적 비밀 두 번째는 하나님을 경외하는 믿음을 끝까지 버리지 않았다는 것입니다. 요셉은 항상 여호와를 경외하고 하나님을 믿음으로 모든 시험을 이겨냈습니다. 요셉은 남들처럼 돈을 많이 벌려고 하지 않았습니다. 성공이나 행복에도 초점을 맞추고 살지 않았습니다. 또한 출세나 명예에도 초점을 맞추지 않았습니다. 그럼에도 불구하고 형통케 하시는 하나님은 그에게 물질을 채워주셨고, 또 애굽의 국무총리가 되는 세상적 성공도 이루어 주셨습니다.

오늘날 많은 사람들이 성공을 원하고 출세를 원하고 명예와 부를 얻기 원하지만 그 모든 바램이 잘 이루어지지 않는 것은 생명의 근원이시며, 복의 근원이시며 모든 만물의 주가 되시는 여호와 하나님, 형통케 하시는 창조주 하나님을 모르고 있거나 멀리하고 있기 때문입니다. 요셉은 사람보다 하나님만 잘 섬기면 모든 것에 복 주시고 형통케 해주신다는 사실을 믿음으로 확신하고 있었습니다.

◆ 내가 원하는 성공과 출세는 무엇입니까?

_____

_____

3. 깨끗한 사람입니다.

요셉이 형통할 수 있었던 영적 비밀 세 번째는 자신의 몸과 마음과 양심을 깨끗게 하였다는 것입니다. 요셉은 형들에게 버림을 당한 후 시위대장 보디발의 집에 종으로 팔려갔습니다. 시위대장 보디발은 싸움에만 용맹스러운 것이 아니라 사람을 바라보는 눈 또한 훌륭했습니다. 그래서 보디발은 요셉의 총명함과 순수함을 보고 그를 가정총무로 세우고 자기 소유를 그 손에 위임을 하였습니다. 그런데 문제가 발생하였습니다. 보디발의 아내가 요셉의 용모와 성품에 반하여 사랑의 유혹을 하였습니다. 그러나 요셉은 유혹에 넘어가지 않고 자기를 지켰습니다.

◆ 요셉은 이러한 주인 마님의 요청에 어떻게 거절하였습니까?
　(창 39:8-9)

　_____

　_____

요셉이 형통할 수 있었던 비결은 자신의 장점을 끝까지 잘 지키며, 하나님에 대한 신뢰와 믿음을 더욱 굳게 세우고, 깨끗한 마음과 양심을 가지고 이웃과 형제를 사랑함에 있었습니다. 우리 역시 요셉의 삶은 본받아 하나님의 형통을 누리며 살아갑시다.

† 다시 말씀을 음미하면서
"여호와께서 요셉과 함께 하시므로 그가 형통한 자가 되어 그의 주인 애굽 사람의 집에 있으니 그의 주인이 여호와께서 그와 함께 하심을 보며 또 여호와께서 그의 범사에 형통하게 하심을 보았더라"(창 39:2-3).

† 말씀 따라 실천을
오늘 말씀을 생각하면서, 한 주간 동안 꼭 실천할 것을 기록해 봅시

다.

_____

_____

† 말씀 따라 기도를

하나님 아버지. 우리도 오늘 요셉이 형통할 수 있었던 비결을 본받아서 하나님에 대한 신뢰와 믿음을 더욱 굳게 하며, 깨끗한 마음과 양심으로 살아가게 하옵소서. 예수님의 이름으로 기도 드립니다. 아멘.

† 말씀이 살아 움직이도록

하나님 앞에 온전한 예배를 드렸습니까? 예, 아니오
날마다 기도를 열심히 했습니까? 예, 아니오
매일 성경을 읽었습니까? 예, 아니오
지난 주 실천사항을 실천했습니까? 예, 아니오

† 함께 나누는 기도

구역식구들의 형편과 처지를 생각하며, 기도제목을 나누고 기도합시다.

제43과
하나님이 이루신 일

본문 / 열왕기하 7:3-10 찬송 / 350, 546장

일간신문 유모어 란에 이런 내용이 실린 것을 보았습니다.

우리나라 국회의원들이 타고 가는 버스가 폭우를 만나 낭떠러지로 추락하는 사고가 일어났습니다. 때마침 그곳을 지나던 농부가 그것을 보고 그 국회의원들을 다 한곳에 묻어주었습니다. 그리고 시간이 몇 일 지난 후 우연히 그곳을 지나던 경찰서장이 국회의원 전용버스가 낭떠러지에 추락해 있는 것을 발견합니다. 그리고 조사를 시작한 끝에 한 농부를 만나게 됩니다. 서장이 묻습니다. "당신이 이 국회의원 버스를 처음 발견한 사람 맞습니까?" "예." "그러면 그 국회의원들을 다 어떻게 했습니까?" "아. 예. 제가 다 매장을 해주었지요!" 서장이 놀라며, "아니 그 많은 국회의원들이 다 사망했다는 말입니까?" "예. 개중에 몇 사람이 신음 소리를 내면서 살려달라고 했지만 그 사람들의 말을 어떻게 믿을 수가 있습니까? 입만 열면 거짓말을 하는데요! 그래서 제가 다 묻어 주었죠!" 하더랍니다.

1. 하나님이 이루신 일을 보고 달려나가야 합니다.

◆ 엘리사가 이스라엘의 선지자로 있을 때 아람 왕 벤하닷이 그 온 군대를 이끌고 북이스라엘의 수도인 사마리아 성을 완전히 포위하는 사건이 발생했습니다. 이때 성 중에는 어떤 일이 일어났습니까?

_____

_____

◆ 하나님이 그 성에 행하신 일은 무엇입니까?(6, 7절)

_____

_____

이 사건은 하나님이 이스라엘 백성들을 위해 대사를 행하신 것입니다. 그들은 피 한 방울, 땀 한 방울도 흘리지 않았는데, 하나님께서 그들에게 이 엄청난 구원을 베푸신 것입니다. 그러나 하나님께서 그 엄청난 구원과 기적을 베푸셨다고 할지라도 그냥 그 자리에 앉아 있으면 구원을 얻을 수 없습니다. 하나님이 이루신 일을 믿고, 그 역사의 현장으로 달려 나아갈 때 비로소 구원의 길이 열리는 것입니다.

2. 하나님이 이루신 일을 보고도 잠잠하면 안됩니다.

오늘 본문 9절 이하를 보면, 네 명의 나병환자가 정신없이 먹고 있다가 어느 정도 배가 부르자 비로소 정신이 번쩍 듭니다. 이거 우리만 먹다가 큰 일나는 것 아닌가, 이거 우리만 먹는 것이 과연 옳은 일인가 하며 그들은 스스로 가책을 느꼈습니다.

◆ 나병환자들이 일어난 사건을 어떻게 표현하고 있습니까?(9절)

_____

_____

네 명의 문둥이들은 사마리아 성 사람들로부터 엄청난 무시와 멸시를 받아왔습니다. 인간 이하로 취급당했으며, 갖은 수모와 서러움을 받아왔습니다. 이제 그 원한을 갚을 기회가 왔습니다. 그것은 그저 침묵만 하면 됩니다. 그저 모른 체만 하면 됩니다. 그러면 저들은 자연히 굶어 죽습니다. 그리고 그들의 원한은 손대지 않고 갚을 수 있습니다.
또한 입을 열어 그 놀라운 사실을 전한들, 과연 나병환자의 말을 누가 믿어주겠습니까? 만에 하나 믿어주면 천만다행이지만 오히려 화를 내며 매질하거나 잘못하면 생명을 잃을 수도 있습니다. 아들도 잡아먹는 판에 이 나병환자들의 생명을 누가 귀히 여기겠습니까? 불똥이 잘못 튀어 오히려 화풀이로 그들의 생명을 잃을지도 모릅니다. 그러므로 그런 위험을 부담하고 그들에게 나아가는 것이 그들에게 장애일 수 있습니다.

3. 복음은 장애를 뛰어넘어야 합니다.

누가복음 10장에 선한 사마리아인의 비유가 나옵니다. 어떤 사람이 예루살렘에서 사마리아로 내려가다가 강도를 만나 거반 죽게 되었습니다. 그런데 그 길을 제사장이 지나다가 보고는 피하여 갔습니다. 조금 후에 레위인도 그곳을 지나다가 보고는 피하여 갔습니다. 그러나 선한 사마리아인은 여행 중임에도 불구하고 그를 불쌍히 여겨 돌보아 주었습니다.

여기서 세 사람의 공통점은 무엇입니까? 다 바쁜 사람들이라는 것입니다. 하지만 사마리아인은 여러 가지 이유가 있음에도 불구하고 그를 도와주었기 때문에 우리는 그를 선한 사마리아인이라고 부르는 것입니다.

◆ 고린도전서 9:16에서, 바울은 복음을 전하지 아니하면 어떻게 된다고 하였습니까?

_____

_____

생명은 침묵하는 자를 통하여 일어나지 않습니다. 여러 가지 이유를 들면서 회피하는 자를 통하여 일어나지 않습니다. 비록 초라하고 연약하지만 아름다운 소리를 외치는 자를 통하여 생명이 살아나고 구원 얻는 역사가 일어나는 것입니다.

† 다시 말씀을 음미하면서
"나병환자들이 그 친구에게 서로 말하되 우리가 이렇게 해서는 아니되겠도다 오늘날은 아름다운 소식이 있는 날이거늘 우리가 침묵하고 있도다 만일 밝은 아침까지 기다리면 벌이 우리에게 미칠지니 이제 떠나 왕궁에 가서 알리자 하고"(왕하 7:9).

† 말씀 따라 실천을

오늘 말씀을 생각하면서, 한 주간 동안 꼭 실천할 것을 기록해 봅시
다.

_____

_____

† 말씀 따라 기도를

사랑의 아버지 하나님 감사합니다. 우리가 받은 구속의 은혜에 대
하여 침묵하지 않고, 주님을 모르는 이들에게 주님을 전할 수 있도록
용기를 허락하여 주옵소서. 예수님의 이름으로 기도 드립니다. 아멘.

† 말씀이 살아 움직이도록

하나님 앞에 온전한 예배를 드렸습니까? 예, 아니오
날마다 기도를 열심히 했습니까? 예, 아니오
매일 성경을 읽었습니까? 예, 아니오
지난 주 실천사항을 실천했습니까? 예, 아니오

† 함께 나누는 기도

구역식구들의 형편과 처지를 생각하며, 기도제목을 나누고 기도합
시다.

11월

†

감사하는 삶

"감사로 제사를 드리는 자가 나를 영화롭게 하나니
그의 행위를 옳게 하는 자에게
내가 하나님의 구원을 보이리라"
(시 50:23)

제44과
성숙한 성도

본문 / 갈라디아서 6:8 찬송 / 453, 455장

가을에는 모든 과일이 탐스럽게 익어갑니다. 만일 열매들이 성숙하지 못하여 조그마한 것이 그대로 익어버리면 주인이 얼마나 속상하겠습니까?

성숙(maturity)이라는 말은 열매가 클 대로 커서 익은 것을 말합니다. 또한 생물이 완전히 발육한 것을 말합니다. 우리 성도들도 가을철을 맞이하여 좀더 성숙해져야 하겠습니다. 육체적 성숙, 정신적 성숙, 영적인 성숙을 골고루 이루어야겠습니다.

1. 성숙한 성도는 언제나 겸손합니다.

곡식도 알찬 곡식, 영근 곡식은 고개를 숙입니다. 논에 가보면 피나 가라지 혹 벼라도 성숙되지 못한 벼는 언제나 고개를 쳐들고 잘난 체 합니다. 미성숙한 성도도 마찬가지입니다. 그러나 성숙한 성도는 겸손합니다.

◆ 모세와 바울은 어떤 면에서 성숙한 사람입니까?(민 12:3, 고전 15:8, 엡 3:8)

_____

_____

베들레헴에는 예수님을 기념하는 교회가 있습니다. 들어가는 문이 대단히 작은데, 그보다도 더욱 낮은 문은 예수님이 나신 곳이라고 합니다. 너무 낮아서 엎드려서 들어가야 합니다.

여기에는 두 가지 의미가 있습니다. 나쁜 사람들이 말을 타고 침입하지 못하도록 한 것이며, 한편으로는 겸손한 자만이 예수님을 만날 수

있다는 뜻입니다. 기독교의 미덕은 첫째도 겸손, 둘째도, 셋째도 겸손인데 이것은 성숙한 성도에게서만 볼 수 있습니다. 우리 모두 성숙한 성도로서 더욱 겸손해지기를 원합니다.

2. 성숙한 성도는 사랑이 있습니다.

◆ 성경에서는 사랑을 무엇이라고 합니까?(마 22:37-40, 롬 13:8-10, 요 13:34)

_____

_____

고린도전서 13:13의 말씀과 같이 믿음과 소망과 사랑이 충만해야 합니다. 믿음, 소망, 사랑 세 가지는 항상 있을 것인데, 기독교의 세 가지 중요한 덕 가운데 제일은 사랑입니다. 여러분은 모두 돈독한 믿음과 뚜렷한 소망과 뜨거운 사랑의 소유자가 되시기를 바랍니다.

제일 훌륭한 사람은 사랑할 수 있는 사람입니다. 제일 좋은 은혜도 사랑의 은혜이며, 은사도 사랑의 은사가 가장 좋습니다. 가장 좋은 성령의 열매도 사랑의 열매입니다. 우리들도 서로 사랑하는 구역 성도들이 되어야 합니다. 위로는 하나님을 사랑하고 이웃을 사랑하는 사랑의 성도가 되어야 합니다.

3. 어떻게 하면 성숙해질 수 있습니까?

성경을 많이 읽고 말씀으로 사는 사람은 무게가 있고 품위가 있는 성도가 될 수 있습니다. 교회는 오랫동안 잘 다니는데도 성경을 읽지 않는 사람은 성도의 품위가 나타나지 않습니다. 성경을 많이 알아야 합니다. "베뢰아에 있는 사람들은 데살로니가에 있는 사람들보다 더 너그러워서 간절한 마음으로 말씀을 받고 이것이 그러한가 하여 날마다 성경을 상고하므로 그 중에 믿는 사람이 많고 또 헬라의 귀부인과 남자가 적지 아니하나"(행 17:11~12)라고 했습니다.

그리고 하나님이 보내신 이를 믿고(요 6:29), 주님을 위하여 봉사하며, 하나님의 말씀을 열심히 전하는 것이 그리스도의 일꾼들이 할 본분입니다.

◆ 요한계시록 1:3을 기록하고 암송해 봅시다.

_____

_____

◆ 디모데후서 4:2을 기록하고 암송해 봅시다.

_____

_____

성숙의 계절 가을에, 우리 모두 성숙한 성도가 되기 위하여 하나님의 말씀을 열심히 읽고 배우며, 온전히 성숙한 성도의 인격을 이룹시다. 열심히 전도하여 전도의 열매를 맺읍시다. 열심히 봉사합시다. "이미 도끼가 나무 뿌리에 놓였으니 좋은 열매를 맺지 아니하는 나무마다 찍혀 불에 던져지리라"(마 3:10)고 하셨습니다. 전도의 열매, 성령의 열매를 풍성히 맺는 가을이 되기를 원합니다.

† 다시 말씀을 음미하면서

"자기의 육체를 위하여 심는 자는 육체로부터 썩어질 것을 거두고 성령을 위하여 심는 자는 성령으로부터 영생을 거두리라"(갈 6:8).

† 말씀 따라 실천을

오늘 말씀을 생각하면서, 한 주간 동안 꼭 실천할 것을 기록해 봅시다.

_____

_____

† 말씀 따라 기도를

성숙의 계절 가을에, 하나님의 말씀을 열심히 읽고 배우며, 온전히 성숙한 성도의 인격을 이루게 하시고, 열심히 전도하여 전도의 열매를 맺게 하옵소서. 예수님의 이름으로 기도 드립니다. 아멘.

† 말씀이 살아 움직이도록

하나님 앞에 온전한 예배를 드렸습니까? 예, 아니오
날마다 기도를 열심히 했습니까? 예, 아니오
매일 성경을 읽었습니까? 예, 아니오
지난 주 실천사항을 실천했습니까? 예, 아니오

† 함께 나누는 기도

구역식구들의 형편과 처지를 생각하며, 기도제목을 나누고 기도합시다.

제45과
감사하는 사람이 되라

본문 / 골로새서 3:15 찬송 / 587, 430장

천하를 정복하고 명성을 떨친 헬라의 알렉산더 대왕은 아테네에 유명한 철인이 있다고 하여 배움을 얻고자 찾아갔습니다. 그 철인은 곧 디오게네스입니다. 디오게네스가 마침 통나무 속에서 나와 알몸으로 햇볕을 쬐고 있었습니다. 알렉산더 대왕은 스승으로 모시기에는 너무 꼴불견인 모습을 하고 있어서 혀를 차며 디오게네스에게 "무엇이든지 원하는 것을 말해보라. 내가 다 허락하겠노라."고 말했습니다. 그러나 디오게네스는 "햇볕을 가리고 있으니 옆으로 비켜주시오" 라고 말했습니다. 알렉산더 대왕은 자신의 모습이 부끄러워 물러설 수밖에 없었답니다.

디오게네스는 알렉산더처럼 말을 타고 있지 않았고, 세상의 부귀영화를 누리지 않았지만 자신의 정신세계에서는 그와 같은 것이 아무 것도 아니기에 통나무집에서 햇볕만 있어도 여유 있게 살 수 있었다는 말입니다.

1. 누가 감사합니까?

'감사'라는 단어는 우리 인간 삶에 있어서 반드시 있어야 하는 필수 요소입니다. 감사는 하나님의 선물입니다. 감사하는 삶은 우리의 삶을 윤택하게 하고, 사랑의 마음을 갖게 하고, 서로 주고받는 감사로 인해 마음에 기쁨이 넘치는 것입니다.

감사는 인간만이 할 수 있는 특권입니다. 그런데 감사를 잊고 사는 사람들이 있습니다. 옛말에 은혜는 물에 새기고 원수는 돌에 새긴다는 말이 있습니다. 타락한 인간의 마음은 받은 은혜를 빨리 잊어버리고 자신에게 잘못된 것은 마음에 품는 습성이 생겼습니다.

◆ 고침을 받은 나병환자 중 몇 명이 예수님께 감사했습니까?
  (눅 17:12-19)

  _____

  _____

◆ 로마서 1:31을 읽고, 나의 감사생활에 대하여 반성해 봅시다.

  _____

  _____

2. 감사하는 자에게 복을 주십니다.

독일에 대기근이 있었을 때 한 부자가 가난한 아이들을 모으고 빵을 나누어 주었습니다. 그 부자는 아이들에게 "이 자루 속에는 너희들이 하나씩 가져갈 빵이 있으니 꼭 한 개씩만 가져가고 내일 오면 또 빵을 주마"라고 약속했습니다.

아이들은 이 말이 떨어지기가 무섭게 우르르 달려들어 서로 큰 빵을 골라 들고 정신없이 집으로 뛰어갑니다. 그런데 그레첸이란 소녀는 한쪽에 가만히 서 있다가 마지막 남은 제일 작은 빵을 집어들고 "할아버지 감사합니다."하는 인사를 하고 집으로 돌아갔습니다.

그 다음날도 아이들은 빵을 집어들고 집으로 가기 바쁩니다. 그런데 그날도 그레첸이란 소녀는 제일 나중에 다 찌그러진 빵을 들고 "할아버지 감사합니다" 하고는 집으로 갔습니다. 집으로 돌아와 어머니와 함께 나누어 먹으려고 빵을 쪼개보니 그 속에는 50센트 은화가 6개 들어 있었습니다. 그레첸이 노인에게 달려가 빵 속에 있는 은화를 돌려주려 하자 그 할아버지는 이렇게 말했습니다. "이 은화는 감사할 줄 아는 착한 사람에게 상으로 주는 것이란다."

감사는 이렇게 아름다운 것입니다. 사람에게 감사할 때에도 이렇게 상이 따르는데, 하물며 나를 창조하신 하나님께 감사하는데 어찌 우리에게 더 큰 기쁨과 평강을 주시지 않겠습니까?

3. 그럼에도 불구하고 감사하는 것입니다.

◆ 하박국 선지자는 어떤 조건에서 감사하다고 고백합니까?
(합 3:17-18)

_____

_____

바울은 감사의 비결을 알았습니다. 그래서 그는 강의 위험과 칼의 위험 속에서도 돌을 맞으며, 40에 하나 감한 매를 다섯 번이나 맞고 태장을 맞고 감옥에 갇혔어도 빌립보 교인들에게 항상 기뻐하라고 합니다. 범사에 감사하라고 권고합니다.

◆ 바울은 예수 안에서 자족한 감사를 드렸는데, 그렇다면 나의 감사는 무엇입니까?

_____

_____

† 다시 말씀을 음미하면서
"그리스도의 평강이 너희 마음을 주장하게 하라 너희는 평강을 위하여 한 몸으로 부르심을 받았나니 너희는 또한 감사하는 자가 되라"(골 3:15)

† 말씀 따라 실천을
오늘 말씀을 생각하면서, 한 주간 동안 꼭 실천할 것을 기록해 봅시다.

_____

_____

† 말씀 따라 기도를
우리에게 만물을 허락하신 하나님. 청지기로서 맡은 바를 잘 가꾸게

하시고, 주심에 대하여 언제나 귀하게 여겨서 감사하게 하옵소서. 감사정신을 회복하여 복된 삶을 살게 하옵소서. 예수님의 이름으로 기도 드립니다. 아멘.

† 말씀이 살아 움직이도록
하나님 앞에 온전한 예배를 드렸습니까? 예, 아니오
날마다 기도를 열심히 했습니까? 예, 아니오
매일 성경을 읽었습니까? 예, 아니오
지난 주 실천사항을 실천했습니까? 예, 아니오

† 함께 나누는 기도
구역식구들의 형편과 처지를 생각하며, 기도제목을 나누고 기도합시다.

제46과
감사의 표준

본문 / 마가복음 12:41-44 찬송 / 66, 50장

　우리가 어떠한 표준을 정할 때 객관성 있는 올바른 표준을 세운다는 것은 참으로 어렵다는 것을 깨닫게 됩니다. 모든 이가 공통적으로 유익을 누릴 수 있는 표준을 세운다는 것은 더더욱 어려운 일입니다. 더구나 신앙의 표준은 우리의 기준에 맞출 수 없습니다. 하나님이 정하시는 하나님의 표준에 우리가 맞추어야지, 우리가 정해 놓은 표준에 하나님께 맞추어 달라고 할 수는 없습니다.

　오늘의 감사도 우리가 생각할 때 우리의 표준에다 맞추어 넘치게 감사하고 있다는 생각보다는 하나님이 보실 때, 하나님의 표준에다 맞추어 넘치게 감사하고 있다는 칭찬을 들으실 수 있어야 하겠습니다.

1. 많고 적음에 대한 표준은 무엇일까요?

　오늘 본문에는 부자들이 많은 헌금을 드리는 장면이 나오고 있습니다. 그들은 거만한 태도로 어깨를 으쓱거리며, 근엄한 표정을 지으며 주머니의 지갑에서 큰 돈을 자랑하면서 그 일부를 연보 궤에 넣었습니다.

　다 그렇다는 것은 아니지만 많은 교회들은 주보 한 면에다가 누가 더 많은 헌금을 냈는가를 은근히 표시하며, 액수를 발표하는 경우도 있고, 헌금 많이 낸 순서대로 주보에 그 이름을 기록하는 경우를 볼 수 있습니다.

　그러나 가난한 과부는 미안한 마음으로 감히 얼굴도 못들고 맨 뒤에서 기도 펴지 못한 채 살며시 소리나지 않게 동전 두 개를 연보 궤에 넣었습니다. '렙돈'은 이스라엘의 동전 중 가장 작은 액수의 화폐입니다. 과부가 드린 헌금은 두 개의 렙돈을 드린 극히 적은 헌금이었습니다. 적은 헌금은 드러나지 않습니다. 누가 얼마를 했는지도 잘 밝혀지

지 않고 또 밝히려고 하지도 않습니다.

그러나 사람들에게 드러나지 않은 헌금은 은밀한 중에 보고 계시는 하나님께서 칭찬하시고 갚아 주실 봉헌된 예물입니다. 우리의 판단 기준에 맞춘다면 이 가난한 과부가 한 일은 작고 무가치하나 위선자들이 바친 것은 크고 값이 많아 보일 것입니다.

2. 주님의 판단 기준은 무엇일까요?

◆ 오늘 본문에서 주님이 말씀하시는 헌금의 기준은 무엇입니까?

_____

_____

주님은 결코 다량의 헌금이 하나님 앞에 많은 것이 되지 못한다는 말씀을 하셨습니다. 자신의 넉넉한 가운데서 바친 일부분과 부족한 재산의 전부를 드린 것과는 사랑의 정도가 다르며 희생 제물로서의 의미가 판이하다는 것을 깨닫도록 해 주셨습니다. 하나님의 판단 기준은 헌금 액수의 많고 적음이 중요한 것이 아니라, 어떠한 마음의 자세로 드리느냐를 보십니다.

십일조의 예를 들어도 우리는 이 말씀을 쉽게 이해할 수 있습니다. 십일조 헌금은 정확하게 십분의 일을 떼어서 드리면 되겠지만, 감사 헌금은 드리는 이의 마음 속에서 감동이 되어 하나님께 바쳐져야 할 것인데, 어느 정도가 기준이 되겠다고 말씀하실 수 있겠습니까? 여기에는 기준이 따로 없습니다. 내가, 또는 내 가정이 하나님께 받은 은혜가 많다고 깨닫는 사람은 많이 하게 될 것이요, 적다고 생각하는 사람은 자연히 적게 헌금을 할 수밖에 없을 것입니다. 이것은 믿음의 차이입니다. 자신의 믿음이 부족하여 하나님의 은혜를 깨닫지 못하고서 불평과 원망을 할 수는 없습니다.

주님께서 우리에게 베푸신 은혜를 깨닫는 만큼 감사의 예물을 하나님께 드리시기 바랍니다.

◆ 말라기 3:10이 우리에게 요구하시는 것은 무엇입니까?

_____

_____

3. 감사의 이유를 아는 것이 감사의 표준이 됩니다.

때때로 우리는 우리가 잘 안다고 생각하면서도 의외로 잘 모르고 지내는 수가 많습니다. 좋다고 생각한 것이 사실은 나쁠 수도 있으며, 내가 보기에는 나쁘다고 생각한 것이 객관적으로 볼 때에 오히려 좋은 반응을 나타내는 경우가 있다는 것입니다.

우리는 먼저 나에게 남이 가지지 못한 것이 무엇인가 생각할 수 있는 마음의 여유가 있어야 합니다. 빈 손이 아니라 소유가 있음을 감사할 것입니다. 지식, 재능, 건강 이 모든 것이 우리의 소유입니다. 특별히 우리의 믿음은 재물 이상의 소유로서 남이 가질 수 없는 아주 중요한 소유입니다.

오늘 우리가 오늘날과 같은 풍요를 누리게 된 것은 하나님의 인도하심입니다. 오늘 우리가 이렇게 아름다운 성전을 자랑하며, 기쁘게 예배할 수 있게 된 것도 모두 다 하나님의 은혜입니다. 우리의 감사를 헤아려 보면서, 우리의 감사의 깨달음이 하나님께 드리는 감사의 표준이 되기를 바랍니다.

† 다시 말씀을 음미하면서
"예수께서 제자들을 불러다가 이르시되 내가 진실로 너희에게 이르노니 이 가난한 과부는 헌금함에 넣는 모든 사람보다 많이 넣었도다 그들은 다 그 풍족한 중에서 넣었거니와 이 과부는 그 가난한 중에서 자기의 모든 소유 곧 생활비 전부를 넣었느니라 하시니라"(막 12:43-44).

† 말씀 따라 실천을
오늘 말씀을 생각하면서, 한 주간 동안 꼭 실천할 것을 기록해 봅시

다.

_____

_____

† 말씀 따라 기도를

하나님 아버지. 우리는 하나님께 받은 은혜가 너무나도 많지만, 그것을 깨닫지 못하고 불평과 불만이 많았음을 용서하여 주옵소서. 주님 보시기에 온전한 감사를 하게 도와주옵소서. 예수님의 이름으로 기도 드립니다. 아멘.

† 말씀이 살아 움직이도록

하나님 앞에 온전한 예배를 드렸습니까? 예, 아니오
날마다 기도를 열심히 했습니까? 예, 아니오
매일 성경을 읽었습니까? 예, 아니오
지난 주 실천사항을 실천했습니까? 예, 아니오

† 함께 나누는 기도

구역식구들의 형편과 처지를 생각하며, 기도제목을 나누고 기도합시다.

제47과
감사해야 할 이유

본문 / 신명기 16:13-17 찬송 / 285, 293장

우리가 읽은 신명기 16장에는 이스라엘이 꼭 지켜야 하는 3대 절기가 나타나 있습니다. 본문 16절에 기록된 것을 보면 첫째가 유월절입니다. 이스라엘이 애굽의 종노릇에서 해방된 것을 기념하고 감사하는 절기로서, 누룩 없는 빵, 즉 무교병을 만들어 먹었다고 해서 무교절이라고도 합니다. 둘째가 칠칠절인데 사도행전 2장에 의해서 오순절로 더 잘 알려진 절기입니다. 마지막으로는 초막절입니다. 초막절은 장막절이라고 하는데, 그 이유는 출애굽 후 광야생활에서 장막 생활을 했기 때문입니다. 또 이 시기는 모든 곡물을 수확하여 저장하는 때이기도 합니다. 그래서 창고에 저장한다는 의미의 '수장'이라는 단어를 써서 수장절이라고도 부릅니다. 오늘 우리가 지키고 있는 추수감사절의 뿌리입니다.

1863년. 미국 땅에 도착한 청교도들의 감사의 정신을 계승할 필요가 있다고 느낀 아브라함 링컨 대통령은 국가적으로 매년 11월 마지막 목요일을 'Thanksgiving Day'로 선포했습니다. 이것이 바로 오늘 우리가 지키는 추수감사절입니다.

1. 이미 받은 은혜가 많기 때문에 감사해야 합니다.

사람들은 받은 것은 헤아려 보지 않고, 없는 것들만 헤아리면서 불평과 원망을 합니다. 아이들을 키워 보니 그것을 뼈저리게 느낍니다. 저는 아버지로서 아이들을 위해서 최선을 다 했다고 생각하는데, 가끔씩 아이들 마음대로 다 못 해줄 때가 있지 않습니까? 그러면 아이는 "아빠는 한번도 자기 말을 안 들어준다!" 하면서 토라지곤 합니다. 그 모습을 보면서 '아하 그렇구나! 나도 하나님 앞에, 저럴 수가 있겠구나!' 하며 내 모습을 돌아봅니다.

깨달으면 하나님이 베푸신 은혜가 얼마나 큰지 눈에 보입니다. 우리가 하나님 은혜를 보는 눈이 뜨이지 않은 거지, 하나님의 은혜는 결코 작은 것이 아닙니다. 하나님 은혜를 은혜로 보는 눈이 열리기를 바랍니다. 실제 우리가 예수 그리스도로 구원을 받은 것만 가지고도 말입니다. 모든 형편과 조건을 초월해서 하나님 앞에 감사할 수 있어야 합니다.

2. 더 큰 은혜를 주실 아버지께 감사해야 합니다.

부모들과 학생들의 최대의 관심은 성적 향상입니다. 어머니에게 성적표를 보이고 나서는 어머니가 기뻐하시는 모습이 그렇게 즐거울 수 없습니다. 그러나 형편없는 성적표를 부모님에게 보이기란 여간 고역이 아닙니다. 그런데 학생들만 성적표 받는 것이 아니라, 인생 자체가 성적표인 것을 알아야 합니다.

◆ 여러분 '인생의 성적표'는 어떻습니까?

_____

_____

내가 도저히 받을 수 없는 것을 받은 경우, 그때 은혜를 받았다고 하는 것입니다. 우리도 언젠가 반드시 하나님 앞에 인생의 성적표를 내놓아야 합니다. 그런데 하나님은 우리 성적표를 인과응보로도 받지 아니하시고, 온정으로도 받지 아니하시고, 은혜로 받으시는 것을 믿으시기 바랍니다. 우리가 전혀 상상 못할 은혜로 실패를, 좌절을 그냥 받아 주시는 것입니다.

◆ 집 나간 탕자가 돌아왔을 때, 아버지가 어떻게 맞이했습니까?(눅 15:22)

_____

_____

이미 하나님은 하잘것없는 저와 여러분을 위하여 독생자를 주셨고, 우리가 잘 되기를 바라시고, 예비하시는 아버지이십니다. 지금까지 받은 은혜도 크지만, 앞으로 받을 은혜가 더 크기 때문에 감사해야 합니다.

3. 천국의 기쁨을 맛보는 삶을 살기에 감사해야 합니다.

추수감사절을 '수장절'이라고도 합니다. 모든 알곡을 거두어 창고에 들인 후에 감사하는 절기입니다. 우리들이 예수 그리스도의 보혈로 구원의 열매가 되어 마지막 날 천국잔치에 참여하게 될 것입니다. 그래서 이스라엘은 이 추수감사절을 지키면서 꼭 '전도서'를 읽었습니다. 추수감사절은 바로 천국잔치를 미리 맛보는 날입니다. 그러므로 이제부터 주님 앞에 가는 날까지 감사절을 진정한 감사로 맞이하여야 할 것입니다.

◆ 나의 감사의 조건을 기록해 봅시다.

_____
_____

† 다시 말씀을 음미하면서
"네 하나님 여호와께서 택하신 곳에서 너는 이레 동안 네 하나님 여호와 앞에서 절기를 지키고 네 하나님 여호와께서 네 모든 소출과 네 손으로 행한 모든 일에 복 주실 것이니 너는 온전히 즐거워할지니라"(신 16:15).

† 말씀 따라 실천을
오늘 말씀을 생각하면서, 한 주간 동안 꼭 실천할 것을 기록해 봅시다.

_____
_____

† 말씀 따라 기도를

하나님 우리는 이미 받은 은혜가 너무나 많습니다. 이 은혜를 헤아리며 언제나 감사하게 하옵소서. 예수님의 이름으로 기도 드립니다. 아멘.

† 말씀이 살아 움직이도록

하나님 앞에 온전한 예배를 드렸습니까? 예, 아니오
날마다 기도를 열심히 했습니까? 예, 아니오
매일 성경을 읽었습니까? 예, 아니오
지난 주 실천사항을 실천했습니까? 예, 아니오

† 함께 나누는 기도

구역식구들의 형편과 처지를 생각하며, 기도제목을 나누고 기도합시다.

제48과
풍요하게 사는 원리

본문 / 신명기 7:9-15 찬송 / 449, 191장

기독교는 추상적인 종교가 아니요, 구체적이고 실제적인 진리를 우리에게 가르쳐 주는 종교입니다. 성경은 예수님을 믿기만 하면 누구나 멸망치 않고 영생을 얻게 됨을 말씀하고 있고, 동시에 우리가 영적으로나 물질적으로나 어떻게 풍요하게 살 수 있는가를 말씀하고 있습니다.

자칫하면 교회는 영적인 구원을 강조한 나머지 물질적인 복의 원리를 등한히 하기가 쉽습니다. 하나님은 우리가 오히려 풍성한 물질의 복을 받아서 가난한 사람과 어려움을 당하는 사람에게 나누어 주면서 살아가기를 원하고 계십니다.

1. 항상 풍요한 복을 사모하며 살아야 합니다.

하늘과 땅의 모든 권세를 가지고 계신 만군의 여호와 하나님이 나에게 복을 허락하시면 쌓을 곳이 없도록 넘치도록 복 주시는 하나님이심을 바라보며, 그 하나님의 풍요한 복을 꼭 받고야 말겠다는 사모하는 마음이 항상 있어야 합니다.

◆ 학개 2:8을 기록하여 봅시다.

_____

_____

야곱이 하나님의 사자와 밤새도록 씨름하면서 큰 복을 마침내 받았던 것처럼, 성공하는 사람은 우연히 살다보니까 성공하는 것이 아닙니다. 성공에 대한 집념을 가지고 항상 성공을 사모할 때 성공의 길이 열려지는 것입니다. 항상 풍요한 것을 사모하고, 항상 번창하는 것을 사모하며 나아가는 사람이 번창하게 되는 것입니다.

죠지 보먼이 쓴 「어떻게 돈으로 성공할 수 있느냐」는 책에서, 그는 물질적인 성공의 공식 세 가지를 제시하였는데, 곧 첫째는 불타는 소원이요, 둘째는 소원을 이루기 위해 시간을 사용해야 한다는 것이고, 셋째는 계획을 세워야 한다는 것입니다.

2. 풍요한 복은 하나님의 법도를 지킴으로 받게 됩니다.

◆ 오늘 말씀 9-10절에서 어떤 사람이 복을 받는다 했습니까?

_____

_____

하나님은 질서의 하나님이십니다. 하나님은 우주를 창조하시고 제일 먼저 질서를 바로 잡았습니다. 그러므로 예수 믿는 신자는 지금까지의 무질서의 가치관과 삶에서 벗어나 말씀 중심의 질서 있는 삶을 계획해야 합니다. 풍요한 복을 주시기 기뻐하시는 하나님의 말씀 앞으로 돌아가기를 그 말씀을 하나 하나 지키기를 계획해야 합니다.

주일을 정성껏 예배 드리기를 계획하십시오. 새벽을 풍요의 하나님과 만나는 시간으로 계획하십시오. 복된 하나님의 말씀을 하나씩 배우며 실천할 계획을 세우십시오. 오늘 교회에서 가르치는 성경의 질서의 원리를 배우고 그 말씀을 따라 풍요한 복의 계획을 세울 때에 구체적으로 우리는 풍요한 복을 누리는 삶을 살아갈 수 있습니다. 이것이 하나님의 약속입니다.

3. 갈무리를 잘 하는 자가 하나님의 복을 받습니다.

창세기에 보면 야곱이 자기 아버지인 이삭의 축복을 받기 위해 별미를 준비한 일과, 이삭이 야곱에게 축복한 말씀이 나옵니다. 특히 본문은 이삭이 야곱에게 내린 축복의 구체적 내용을 밝혀주고 있습니다. 중요한 것은 이삭 자신이 복을 주는 주체가 아니라는 것입니다. 성경은 복의 근원도 하나님이시오 복의 주체도 하나님이라는 사실을 분명히 말합니다. 이삭은 복을 비는 사람일 뿐 복을 주시는 분은 하나님이라는 사실에 주목해야 합니다.

에서는 좋은 조건 속에서 태어나 장자의 축복을 받을 수 있었지만, 그는 그것을 포기해 버렸습니다. 기회를 놓친 것입니다. 그러나 야곱은 기회를 포착하여 하나님의 풍요를 자기 것으로 만들기 위해 최선을 다했습니다. 받는 것도 중요합니다만 누리고 갈무리하는 것도 중요합니다. 천연 조건을 고루 갖춘 에덴동산을 제대로 갈무리하지 못한 아담과 하와는 거기서 쫓겨났습니다. 나에게 주신 모든 것들을 잘 갈무리하는 자에게 하나님은 풍요로운 복을 더하여 주실 것입니다.

◆ 하나님께서 주신 복이 무엇인가 생각해 봅시다.

_____

_____

† 다시 말씀을 음미하면서

"그런즉 너는 알라 오직 네 하나님 여호와는 하나님이시요 신실하신 하나님이시라 그를 사랑하고 그의 계명을 지키는 자에게는 천 대까지 그의 언약을 이행하시며 인애를 베푸시되 그를 미워하는 자에게는 당장에 보응하여 멸하시나니 여호와는 자기를 미워하는 자에게 지체하지 아니하시고 당장에 그에게 보응하시느니라"(신 7:9-10).

† 말씀 따라 실천을

오늘 말씀을 생각하면서, 한 주간 동안 꼭 실천할 것을 기록해 봅시다.

_____

_____

† 말씀 따라 기도를

하나님 아버지 감사합니다. 내게 주신 하나님의 복이 셀 수 없이 많음을 깨닫고 감사를 드립니다. 이웃과 더불어 사랑하여 나누며 좋은 이웃으로 살아가게 하옵소서. 예수님의 이름으로 기도 드립니다. 아멘.

† 말씀이 살아 움직이도록
하나님 앞에 온전한 예배를 드렸습니까? 예, 아니오
날마다 기도를 열심히 했습니까? 예, 아니오
매일 성경을 읽었습니까? 예, 아니오
지난 주 실천사항을 실천했습니까? 예, 아니오

† 함께 나누는 기도
구역식구들의 형편과 처지를 생각하며, 기도제목을 나누고 기도합
시다.

12월

†

달음질하는 삶

"운동장에서 달음질하는 자들이 달릴지라도
오직 상을 받는 사람은
한 사람인 줄을 너희가 알지 못하느냐
너희도 상을 받도록 이와 같이 달음질하라"

(고전 9:24)

제49과
세상에 오시는 예수

본문 / 이사야 53:1-6 찬송 / 151, 141장

　우리에게 오신 예수님은 세속적인 눈으로 볼 때에는 도저히 유대 민족을 구원할 왕이 아니셨습니다. 또한 그 분의 모습은 인류를 구원할 메시아의 모습도 결코 아니셨습니다. 그러므로 인간이 죄에서 구원받은 기쁨과 은혜를 도외시하고 흥청거리는 축제라면, 그것은 우리에게 아무런 의미가 없습니다.

　선지자 이사야가 증언하는 예수의 모습은 그 시대뿐만 아니라 오늘 이 시대에도 마찬가지입니다. 오시는 그 분은 많은 사람들에게 멸시와 천대를 받을 수밖에 없는 존재로 보입니다. 그런 사람이 어떻게 우리의 구원자가 되겠는가, 하나님은 그 아들을 왜 그렇게 비천한 종의 모습으로 보내셨는가 하는 것을 우리는 다시 생각해 보지 않을 수 없습니다.

　1. 하나님께 '순종하는 종의 모습'을 보게 됩니다.

◆ 빌립보서 2:6을 찾아서 기록해 봅시다.

_____

_____

　인류를 죄에서 구원하려고 하시는 하나님의 뜨거운 사랑은 그 뜻을 받들고 순종하는 종을 통해서 이루어집니다. 불순종한 한 사람 아담 때문에 모든 사람이 죽게 되었고, 순종하는 한 사람 그리스도 때문에 모든 사람은 살게 되었습니다. 예수 그리스도가 구세주이신 것은, 그가 하나님의 뜻에 순종하였다는 데 있습니다. 하나님의 구원역사는 오직 하나님의 뜻에 순종하려는 의지와 신앙을 가진 사람들에 의하여 이루어져 왔습니다.

하나님의 뜻에 순종하기 위하여 높고 영광스런 보좌를 버리고 오신 주님은 비록 사람들 눈에는 초라하며 보잘 것 없고, 멸시를 받을 수밖에 없으셨으나 하나님의 구원을 우리에게 이루려고 오신 고난의 종이었습니다.

2. 그에게서 '제물되신 자'의 모습을 보게 됩니다.

오늘날의 사람들은 자기의 힘과 실력과 업적과 자랑에 취하여 살면서, 동시에 말로 다할 수 없는 고통과 번민 속에서 고민하면서 삽니다. 경제가 성장할수록 문제가 더 많아지고 있습니다. 과학문명이 발달할수록 과학으로 해결할 수 없는 일들이 걷잡을 수 없이 발생합니다.

◆ 이러한 어렵고 심각한 사회적인 질병을 근본적으로 치유하는 길은 무엇입니까?

_____

_____

◆ 사 53:4에 예수님은 어떻게 하심으로 우리의 문제를 해결하십니까?

_____

_____

예수님이 우리의 구원자라는 말의 참된 뜻은 여기에 있습니다. 그는 우리가 받을 형벌을 받으셨습니다. 내가 죽어야 하는데 그가 대신 죽으셨습니다. 그가 찔린 것은 내 허물 때문이었고, 그가 상한 것은 내 죄악 때문이었습니다. 그가 내 대신 징계를 받으셨기에 우리가 오늘 평화를 누리고 삽니다. 그가 채찍에 맞으셨기에 우리는 모든 질병과 고통에서 놓임을 받게 되었습니다. 우리는 겸손히 그의 발자취를 따라가는 길밖에 없습니다.

3. 남의 짐을 대신 짊어진 '대속자의 모습'을 보게 됩니다.

사람들의 짐이란 결국 '죄의 짐'입니다. 사명과 책임과 보람을 성취하는 짐이라면, 그것은 영광이요 기쁨일 것입니다. 그러나 죄의 짐이 문제인 것입니다. 죄의 짐만 벗어 놓으면 다른 짐들은 능히 우리가 짊어지고 갈 수도 있을 것입니다. 그런데 이 무겁고 고통스럽고 불명예스러운 죄의 짐을 하나님께서는 모두 고난의 종이신 예수님께 짊어지게 하셨습니다.

◆ 세례 요한은 예수님을 무엇에 비유하였습니까?(요 1:29)

_____

_____

우리는 여기에서 은혜스러운 하나님의 큰 사랑을 깨닫게 됩니다. 종의 모습으로 오신 그 분은 내 짐을 벗겨 주시는 구주이십니다. 지금도 주님은 "수고하고 무거운 짐 진 자들아 다 내게로 오라 내가 너희를 쉬게 하리라"(마 11:28)고 부르시고 계십니다.

오늘 우리를 향해 오시는 주님은 우리의 짐을 벗겨 주시는 짐꾼으로 오십니다. 그러므로 구원받은 기독교인의 사명은 남의 짐을 서로 짊어지는 성실한 짐꾼들이 되는 것입니다. 이것이 그가 우리에게 보이신 삶의 길입니다.

† 다시 말씀을 음미하면서

"그가 찔림은 우리의 허물 때문이요 그가 상함은 우리의 죄악 때문이라 그가 징계를 받으므로 우리는 평화를 누리고 그가 채찍에 맞으므로 우리는 나음을 받았도다 우리는 다 양 같아서 그릇 행하여 각기 제 길로 갔거늘 여호와께서는 우리 모두의 죄악을 그에게 담당시키셨도다"(사 53:5-6).

† 말씀 따라 실천을

오늘 말씀을 생각하면서, 한 주간 동안 꼭 실천할 것을 기록해 봅시다.

---

† 말씀 따라 기도를

하나님 아버지 감사합니다. 우리가 받을 형벌을 대신 받으시고, 죽어야 할 것을 대신 죽으시고, 허물과 죄악 때문에 대신 상하고 찢기시며, 대신 징계를 받으셨기에 우리가 오늘 평화를 누립니다. 겸손히 주님을 따를 수 있도록 늘 인도하여 주옵소서. 예수님의 이름으로 기도드립니다. 아멘.

† 말씀이 살아 움직이도록

하나님 앞에 온전한 예배를 드렸습니까? 예, 아니오
날마다 기도를 열심히 했습니까? 예, 아니오
매일 성경을 읽었습니까? 예, 아니오
지난 주 실천사항을 실천했습니까? 예, 아니오

† 함께 나누는 기도

구역식구들의 형편과 처지를 생각하며, 기도제목을 나누고 기도합시다.

제50과
주님이 세상에 오신 목적

본문 / 요한복음 3:16-17 찬송 / 208, 404장

1차 대전 중 영국 해협에서 스위스 국경에 이르는 기나긴 전선에서 크리스마스 전날 밤에 있었던 일이었습니다. 잠시 총성이 멎고, 독일 군 참호 위에는 크리스마스 츄리의 불빛이 비춰어졌고, 그들은 "고요한 밤, 거룩한 밤", "저들 밖에 한밤중에"를 부르기 시작했습니다. 그러자 영국군은 박수로 응하고 영어로 "참 반가운 신도여"를 부르자, 독일 군도 박수로 응하며 라틴어로 받아 불렀습니다.

1시간 가량 계속된 평화의 노래는 평화의 분위기를 만들어 서로 참호에서 기어 나와 크리스마스 축하 인사를 나누게 되었습니다. 팔장을 끼고 사진을 찍고, 축구 시합, 선물 교환, 즉석 오케스트라도 연주되었습니다. 24시간 동안 국경없는 휴전상태였으며, 좀더 연장되기도 하였습니다. 전쟁터는 새들이 찾아와 지저귀며 평화의 노래에 화음을 넣는듯 하였습니다. 이렇게 해서 참된 그리스도의 오심은 곧 평화를 만들었고, 비록 전쟁터이지만 모든 이들에게 기쁨과 감사의 마음을 심어 주게 되었습니다.

1. 평화를 위해 이 세상에 오셨습니다.

그리스도는 평화의 나라에서 평화의 주님으로 이 세상에 오셨습니다. 그리스도가 오시기 전의 세상은 하나님을 등진 죄인들로 말미암아 깨어진 평화로 어두움의 세상이 되었고, 그 속에 사는 사람들은 근본적인 어두움 때문에 빛을 발할 수 없었습니다.

◆ 우리 주변에 소외되고 어려움을 겪는 사람들이 있습니까? 그들을 우리는 어떻게 해야 합니까?

_____

주님이 오시기 전의 우리의 모습은 무척이나 초라합니다. 이 어둠의 세계는 무척이나 춥습니다. 어둠의 세계는 소외된 것입니다. 권력에서 밀려난 이방 지대요, 힘도 없고 배경도 없습니다. 고독하고 적막한 삶만이 있는 곳입니다. 인생의 변두리에 웃음이 사라지고 공포와 불안과 슬픔이 있는 곳, 주님이 계시지 않는 곳, 주님을 모시지 않는 곳에 주님은 평화를 주시려고 오셨습니다.

2. 인간성 회복을 위해 오셨습니다.

그리스도께서는 상실된 인간을 찾아 그 인간성을 회복시키기 위해 오셨습니다. 하나님은 인간들로 하여금 하나님과 화해하고 인간끼리 화목하게 하기 위하여 대속자이며 화해자로서 십자가에 스스로 몸을 제물로 바쳐 인간 구원의 대업을 성취하셨습니다.

그러나 인간들은 그 본성을 잃고 행복을 기술 문명에 걸고 그 발달을 꾀했으나, 결국 인간은 기계문명의 노예가 되었습니다. 경제의 풍요를 제일주의로 삼아 왔으나, 결국 경제의 풍부 속에서 부패되었습니다. 또한 정치에 운명을 걸었으나 결국 정권의 마력에 사로잡혀 버렸습니다. 그리하여 인간 소외를 느끼며 인간성을 상실한 결과 인간의 잔학함이 판을 치는 사회가 되었습니다.

◆ 우리가 어떻게 해야 우리 사회가 정화될 수 있습니까?

_____

_____

3. 사랑의 실천자로 오셨습니다.

성탄의 의미는 신이 인간 특히 죄인, 눌린 자, 병든 자, 소외자를 찾아 그들의 이웃이 되고, 그들의 죄를 대신 짊어지시고, 그들 대신 몸을 사망에 내놓을 정도로 사랑하신 일입니다. 기독교의 핵심은 사랑인데, 사랑은 인간의 생활을 떠나서 존재할 수 없습니다. 그러나 우리는 개인의 신앙적 자고함 때문에 이웃을 생각하지 못하는 무관심증에 걸리거나, 하나님의 자녀라는 정신적 귀족심리 때문에 영악한 인간들의 친구로 나설 용기를 잃어버리고 말았습니다. 이러한 곳에 예수님은 사랑의 실천자로 모범을 보이시려고 오신 것입니다.

빼앗긴 자들에게 주님은 오셨습니다. 하나님 나라의 평화와 빛을 주셨고, 정의를 위해 싸울 수 있는 용기를 주셨습니다. 용서와 화해로 사랑의 빛을 주셨고, 병들고 부자유한 사람들을 온전한 복음으로 고쳐주시려 이 땅에 오셨습니다.

영광과 존귀를 한 몸에 받으셔야 하는 자리에서, 낮고 천하여 멸시받고 고통당하고 퀘퀘한 냄새가 풍기는 마구간, 사람들로부터 손가락질 받고, 가시면류관까지 대신 받으시며, 우리에게 영원한 생명을 주시기 위해 예수님은 오셨습니다.

† 다시 말씀을 음미하면서

"하나님이 세상을 이처럼 사랑하사 독생자를 주셨으니 이는 그를 믿는 자마다 멸망하지 않고 영생을 얻게 하려 하심이라 하나님이 그 아들을 세상에 보내신 것은 세상을 심판하려 하심이 아니요 그로 말미암아 세상이 구원을 받게 하려 하심이라"(요 3:16-17).

† 말씀 따라 실천을

오늘 말씀을 생각하면서, 한 주간 동안 꼭 실천할 것을 기록해 봅시다.

_____

_____

† 말씀 따라 기도를

빛으로 오신 주님! 어둡고 가난한 우리의 마음속에 찾아오셔서 하나님나라의 평화와 빛을 주시고, 정의를 위해 싸울 수 있는 용기를 주옵소서. 오늘 우리는 우리에게 찾아오신 예수님을 겸손하게 맞이하여, 영적 각성과 신앙성숙을 다짐하는 결단의 계기가 되기를 원합니다. 예수님의 이름으로 기도드립니다. 아멘.

† 말씀이 살아 움직이도록
하나님 앞에 온전한 예배를 드렸습니까? 예, 아니오
날마다 기도를 열심히 했습니까? 예, 아니오
매일 성경을 읽었습니까? 예, 아니오
지난 주 실천사항을 실천했습니까? 예, 아니오

† 함께 나누는 기도
구역식구들의 형편과 처지를 생각하며, 기도제목을 나누고 기도합시다.

제51과
무엇을 바라보며

본문 / 히브리서 12:1-2 찬송 / 488, 491장

여러분은 한 해 동안 누구를 바라보며 살아왔습니까?

무디 선생은 "그대 자신을 믿어 보라. 반드시 실망할 때가 있을 것이다. 친구들을 믿어 보라. 어느 날엔가는 헤어지고 죽게 될 것이다. 돈이나 명예를 믿어 보라. 그것들로 아무 소용없는 허무한 날이 올 것이다. 그러나 예수님을 바라 보라. 영혼의 구원과 인생의 형통함과 건강의 복을 얻게 될 것이다"라고 말했습니다.

한 해가 저물고 있습니다. 지난 일 년 동안 우리의 살아온 발자취를 돌아보며 우리가 어떻게 걸어왔으며, 우리가 처음에 목표한 지점에 가까이 왔는지 살펴보고, 또 앞으로 우리가 어떻게 어디로 걸어갈 것인지를 생각해 보아야 합니다.

1. 목표를 분명히 바라보며 나가야 합니다.

우리가 걷는 생의 걸음은 한번 내디디면 돌이킬 수 없는 것이므로 처음부터 목표를 분명히 정하지 않으면 안되는 것입니다. 우리의 생의 목표는 분명합니다. 믿음의 창시자요 완성자인 예수만을 바라보아야 합니다. 우리가 향하여 나갈 생의 목표는 예수 그리스도입니다. 그는 하나님의 아들로 이 땅에 육신을 입고 오셔서 죽기까지 순종하심으로 하나님께 영광을 돌린 분입니다. 우리는 바로 예수를 바라보아야 합니다.

◆ 고린도전서 10:31을 읽고 암송합니다.

_____

_____

예수 그리스도를 우리 생의 목표로 정할 때 우리는 삶의 보람을 얻으며, 우리의 삶이 풍성하게 됩니다. 우리에게 가치 있는 일을 지시해 주며, 우리의 삶을 강하고 용기있는 삶으로 바꾸어 줍니다. 그리고 우리로 항상 감사를 발견하게 만듭니다. 그 결과 우리에게 썩지 않는 영원한 생명의 면류관을 약속하여 줍니다. 이 목표야말로 우리 생의 참된 행복을 약속하여 주는 것입니다.

2. 어떻게 걸어가느냐 하는 것이 중요합니다.

우리가 걸어가야 할 앞길은 언제나 미지수에 속합니다. 다음 순간 우리가 어떻게 될지 우리는 전혀 알지 못합니다. 우리가 아무리 좋은 계획을 세운다 하더라도 그것이 언제나 확실한 것은 아닙니다. 왜냐하면 우리는 앞에 일어날 일을 알지 못하기 때문입니다.

◆ 성경은 어떻게 하나님의 인도하심을 받을 수 있다고 가르쳐 주고 있습니까?(잠 3:6, 16:9)

_____

_____

내가 안다고 결코 잘난 체 하지 말고 우리의 길을 정하시고 그 길을 기뻐하시는 하나님을 인도자로 인정할 때 우리는 안전하게 우리의 길을 갈 수 있습니다. 내가 내 생의 주도권을 완전히 하나님께 내맡기면 하나님은 나의 생애속에 적극적으로 개입해 들어오십니다. 하나님이 내 생애 전체를 책임지십니다.

여러분, 지난 일 년 동안의 삶이 여러분 자신이 이끌어 온 것이었습니까? 아니면 하나님께서 이끌어 주신 것입니까? 전능하신 하나님께서 인도하신 삶은 내가 계획했던 것보다 아름답고 성공적이며 뛰어난 것입니다. 어리석은 자만이 자기의 삶을 자기가 계획하고 그 때문에 고민하고 피곤해 하며 언제나 마음 무거운 생활을 벗어나지 못합니다.

3. 그리스도의 발자취를 따라 걷는 것입니다.

하나님이 우리를 인도하시되 바로 그리스도께서 걸어가셨던 그 길로 인도하시는 것입니다. 나아가서 그리스도 자신이 길이 되시어 우리로 그 길을 걷게 하시는 것입니다.

◆ 예수님이 고난을 받으신 것은 누구를 위함입니까? 왜 고난을 받으신 것입니까?(벧전 2:21)

_____

_____

그리스도의 발자취를 따른다는 것은 그가 걸어가신 봉사의 길을 따라 봉사한다는 것을 의미합니다. 그는 섬김을 받으러 오신 것이 아니라 섬기러 오신 분입니다. 우리도 그리스도와 같이 섬기는 자리에 있어야 합니다. 물질과 권력과 명예가 없는 가난한 자로 오셔서 가난한 자들에게 봉사하시던 주님처럼 우리도 행한다는 것을 뜻합니다.

여러분의 지난 일 년의 생활이 그리스도의 발자취를 따른 걸음이었습니까? 그리스도의 충만하신 분량에까지 이르기 위하여 성령의 감동으로 힘써 온 한 해였다고 고백할 수 있는 시간이 되시기를 바랍니다.

† 다시 말씀을 음미하면서

"이러므로 우리에게 구름 같이 둘러싼 허다한 증인들이 있으니 모든 무거운 것과 얽매이기 쉬운 죄를 벗어 버리고 인내로써 우리 앞에 당한 경주를 하며 믿음의 주요 또 온전하게 하시는 이인 예수를 바라보자 그는 그 앞에 있는 기쁨을 위하여 십자가를 참으사 부끄러움을 개의치 아니하시더니 하나님 보좌 우편에 앉으셨느니라"(히 12:1-2).

† 말씀 따라 실천을

오늘 말씀을 생각하면서, 한 주간 동안 꼭 실천할 것을 기록해 봅시다.

† 말씀 따라 기도를

하나님, 한 해를 돌이켜 볼 때, 예수님과 동행하지 않은 순간순간이 생각납니다. 내 고집과 내 생각대로 행하던 것을 용서하여 주시고, 이제부터는 오로지 주님과 동행하는 삶을 살게 하옵소서. 예수님의 이름으로 기도 드립니다. 아멘.

† 말씀이 살아 움직이도록

하나님 앞에 온전한 예배를 드렸습니까? 예, 아니오
날마다 기도를 열심히 했습니까? 예, 아니오
매일 성경을 읽었습니까? 예, 아니오
지난 주 실천사항을 실천했습니까? 예, 아니오

† 함께 나누는 기도

구역식구들의 형편과 처지를 생각하며, 기도제목을 나누고 기도합시다.

제52과
달음질하는 인생

본문 / 고린도전서 9:24-27 찬송 / 354, 546장

'록키'라는 영화를 보면 헤비급 챔피온 '아폴로 크리터'라는 거만한 운동선수를 대항할 상대선수로 '록키'를 선택했습니다. 그러나 아무도 록키가 크리터를 이길 것이라고 생각하지 않았습니다. 록키 자신도 아직 자신의 실력으로 크리터의 상대가 되지 않는다는 것을 인정했습니다. 그러나 그의 상대자로 링 위에 올라선 록키는 마음속으로 '내가 이왕 링 위에 올라왔으니 15회 마지막까지 버티자'고 굳게 다짐을 합니다. 내가 비록 링 위에서 죽는 한이 있더라도 끝까지 버티자는 신념을 가졌습니다. 시합을 하면서 무수히 얻어맞으며 수많은 고통을 당합니다. 그러나 그 영화의 결말은 록키가 승리하는 것으로 마칩니다.

록키가 권투시합을 한 것은 단순한 운동이 아닙니다. 이 시합을 통해 우리에게 인생 경기의 오묘한 용기와 비밀을 보여주는 것입니다.

1. 상을 얻도록 달음질해야 합니다.

성경에 보면 신앙생활을 여러 가지로 비유합니다. 농사짓는 일에 비유하기도 하고 고기 잡는 일에 비유하기도 합니다. 그리고 전쟁하는 일에 비유하기도 하고, 장사하는 일에 비유하기도 하고, 운동 경기하는 일에 비유하기도 합니다. 사도 바울은 신앙경기를 운동장에서 다함께 달음질하는 인생과 같다고 했습니다.

◆ 상을 받는 사람은 몇 명입니까?(24절)

_____

_____

올림픽에서 마라톤의 금메달은 하나지만 성경이 말하는 상은 한 사람만 받는 상의 개념은 아닙니다. 우리는 달음질할 때 일등을 할 것처럼 뛰어야 합니다. 올림픽에 참여했던 선수들이 비록 예선에서 탈락해도 갈 때부터 내가 예선만 통과하고 온다는 마음을 가지고 그곳에 가지 않습니다. 은메달이나 동메달을 딴 사람이 그것을 따기 위해 싸운 것이 아니라 금메달을 딸 것처럼 경기에 임했기 때문에 그 메달을 딴 것입니다. 이것이 중요한 자세입니다.

그리고 절제한다고 했습니다. 25절에 "이기기를 다투는 자마다 모든 일에 절제하나니"라고 말씀하고 있습니다. 이 절제는 훈련을 말합니다. 선수는 훈련이 있고 힘을 안배하는 지혜가 필요합니다. 신앙경주는 훈련이 따라야 합니다. 욕심과 습관을 다스릴 줄 알아야 합니다. 우리 안에 있는 모든 은사들과 돈, 지혜, 시간, 건강, 몸, 달란트를 다 다스릴 줄 아는 것이 바로 절제입니다.

2. 방향과 목표를 확인해야 합니다.

◆ 어떻게 달음질을 해야 한다고 말씀하고 있습니까?(26절)

_____

_____

달음질에 있어서 제일 중요한 두 가지는 뛰어가는 방향과 목표지점을 정확히 알고 뛰는 것입니다. 달음질의 방향이 정확해야 하고 뛰다가 곁길로 가고자 하는 유혹을 이겨야 합니다. 한눈을 팔면 안됩니다. 내가 가는 방향을 항상 점검하고 가야 합니다. 그리고 목표를 항상 계산하고 가야 하는 것입니다.

토마스 아 켐피스는 기도에 대한 유명한 한 마디를 우리에게 남겼습니다. "모든 일들을 행할 때 주님과 관계를 맺고 주님의 뜻을 헤아리며 행하라"

이 기도는 간단하지만 큰 메시지가 있습니다. "무슨 일을 하든지 주님과 관계를 맺으라"는 말입니다. 그리고 "무엇을 하든지 주님의 뜻을 이루는 목표를 가지라"는 것입니다.

3. 자기를 이기며 달음질해야 합니다.

◆ 본문 27절에서 말씀하시는 것은 무엇입니까?

_____

_____

나의 신앙경주를 방해하는 것은 첫 번째로 내 안에 있는 장애물입니다. 이것을 이겨내야 합니다. 나의 인생 경기에 무엇이 문제가 되고 무엇이 나의 달음박질을 방해하는지 살펴야 합니다.

우리의 영적 시선을 예수 그리스도에게 맞추어야 합니다. 경주의 최종 목적지는 그리스도가 되어야 합니다. 무엇을 하든지 그 결과는 나의 뜻과 주님의 뜻이 함께 이루어지게 해야 합니다. 그 목표를 가지고 달음질을 합시다. 죄악이 범람하고, 질고와 위험이 많은 세상에서, 우리의 인생 경주를 방해하는 것들을 이기고 승리하는 삶이 되어야 합니다.

† 다시 말씀을 음미하면서

"운동장에서 달음질하는 자들이 다 달릴지라도 오직 상을 받는 사람은 한 사람인 줄을 너희가 알지 못하느냐 너희도 상을 받도록 이와 같이 달음질하라 이기기를 다투는 자마다 모든 일에 절제하나니 그들은 썩을 승리자의 관을 얻고자 하되 우리는 썩지 아니할 것을 얻고자 하노라"(고전 9:24-25).

† 말씀 따라 실천을

오늘 말씀을 생각하면서, 한 주간 동안 꼭 실천할 것을 기록해 봅시다.

_____

_____

† 말씀 따라 기도를

하나님 아버지 감사합니다. 한 해를 보내는 이 시간에 우리의 달려 갈 길을 다 가도록 지켜 주시고, 항상 힘을 주신 것을 감사합니다. 하나님 앞에 서는 날까지 싸워서 이기는 삶을 살 수 있도록 하시며, 새해를 맞이함에 새로운 각오를 할 수 있도록 하옵소서. 예수님 이름으로 기도 드립니다. 아멘.

† 말씀이 살아 움직이도록

하나님 앞에 온전한 예배를 드렸습니까? 예, 아니오
날마다 기도를 열심히 했습니까? 예, 아니오
매일 성경을 읽었습니까? 예, 아니오
지난 주 실천사항을 실천했습니까? 예, 아니오

† 함께 나누는 기도

구역식구들의 형편과 처지를 생각하며, 기도제목을 나누고 기도합 시다.

.